처음
주식

챔(최민) 지음
월급구조대(신한금융투자) 감수

처음 주식

**주식 투자의
기본부터
실천까지**

이콘

2020년은 우리 일상에 많은 변화를 가져다 주었다. 주식 시장도 이 변화의 영향을 직접적으로 받은 곳 중 하나다. 소위 '동학 개미'라 불리는 개인 투자자들이 주식시장에 가세하면서, 6월 말에 2,108.33이었던 코스피 지수가 9월 말에 2,327.99로 10% 이상 뛰었다. 2020년 3분기 거래 대금은 지난 2분기(21조 7천억)에 비해 27% 상승한 27조 6천억 원을 기록하기도 했다.

그러나 이 현상을 마냥 반가워하고 기뻐할 수는 없다. 주식 시장의 활성화라는 밝은 이면에는 '빚투'라는 어두운 함정이 있다. '지금이 주식 살 때라길래', 주식을 잘 알지 못하는 상태에서 무작정 빚부터 내 투자한 개인 투자자들이 있기 때문이다. 실제로 빚을 내서 주식에 투자하는 '신용융자' 잔고는 5월 말 10조 9천억 원에서 9월에는 18조 원으로 뛰었다.

이러한 행태의 주식 투자는, 증권업에 26년간 몸담은 입장에서 봤을 때 절대 바람직하지 못한 방법이다. 주식은 도박이 아니다. 운에 내 돈을 맡기지 말자. 또한, 주식은 투기도 아니다. 확신 없이, 분석 없이 내 돈을 맡기지 말자. 건전한 투자가 무엇보다 중요하다.

저자 '챔'은 신한금융투자의 SNS 브랜드 '월급구조대'와 협업하여 이러한 메시지를 누구보다 지속적으로 전달해왔으며, 이 책 또한 그러한 내용을 담았다. 초보 투자자라면 알아야 할 주식 투자의 기본적인 개념부터, 현재 주식 시장에서 실제로 이뤄지는 투자법에 대한 상세한 안내까지. 투자를 시작하려는 이들에게 꼭 필요한 인사이트를 녹였다. 『처음 주식』을 통해, 독자들이 건전한 투자자로 한 걸음 더 나아갈 수 있을 것이라 자신한다.

신한금융투자 디지털사업본부장
옥형석

1장. 주식, 어떻게 시작할까요?

2장. 주식, 어떤 게 좋은 거예요?

3장. 주식, 그래서 어떻게 사면 되는데요?

4장. 주식, 돌발상황 대처하기!

부록. 꿀팁 대방출

QR 코드로 접속하시면
처음 주식 강의 영상 시리즈로 연결됩니다.

1장 주식, 어떻게 시작할까요?

여러분, '주식 투자'하면 어떤 느낌이 드시나요? 보통 부정적인 의견이 더 많죠. 전 재산을 주식에 몰빵해 날리고 힘들게 사셨다는 아버지 친구의 이야기도 들어보셨을 것 같고요. 외국인 기관에 밀려서 항상 돈을 잃는 개인을 '개미투자자'라고 희화화하는 얘기도 많이 떠돌아다닙니다. 그래도 최근 '동학개미운동'이라는 신조어가 생기면서 주식 투자에 관심을 가지는 2040세대 분들도 많아진 것 같아요.

개인적으로는 주식은 도박이고 나쁜 거야 하고 생각하고 모든 가능성을 차단하는 것보다, 적어도 주식을 제대로 공부해 투자해 보고 나와 맞는 투자처인지를 확인해 보는 게 좋다고 생각해요. 여러분의 주식 공부를 위해, 제가 여러 온·오프라인 강의를 하며 만난 수강생분들의 피드백을 받아 핵심만 뽑은 커리큘럼을 구성했습니다. 우선 이번 챕터에서는 도대체 그 '주식'이라는 게 뭔지! 에 대해서부터 천천히 얘기해 보도록 할게요.

1
삼성전자 주식을
산다는 것

주식의 개념을 이해하기 위해 사전을 찾아보았습니다.

주식회사의 자본을 이루는 단위 및 그것을 나타내는 증서.
주식회사는 이것을 발행해서 자본을 투자받은 회사이다.

너무 어려우니까, 좀 풀어서 얘기해 보면요. 주식은 기업의 흥망을 함께하는 동업자들이 나눠 가지는 증표라고 생각하시면 됩니다. 즉, "나 삼성전자 주식을 살까 봐"라는 말은 여러분이 삼성전자라는 회사(의 일부)를 소유하고 이재용

부회장과 회사와 동고동락하는 동업자가 된다는 겁니다. 여러분이 엄청난 부자여서 삼성전자의 주식을 사모아 이 부회장님보나 더 많은 수의 주식을 가진다면, 회사의 주인이 여러분으로 바뀔 수 있어요. 내가 사업 아이템을 고민해서 직접 창업하지 않더라도, 클릭 몇 번으로 주식을 사면 회사들을 소유할 수 있습니다. 이렇게 소유권을 쪼개서 거래하는 '주식'은 현대 자본주의의 꽃이라고 불리며, 여러 기회를 만들어 내고 있죠.

사실, 이 주식이라는 건 거창한 게 아니라 "○○회사의 주식임"이라는 내용을 적어둔 회사의 소유권을 의미하는 종잇조각이에요. 회사의 사업 상황에 따라 소유권인 주식의 가격도 올라가거나 내려가게 됩니다. 사업이 성공 가도를 달리며 벌어들이는 돈이 많아질수록 이 회사를 갖고 싶어 하는 사람이 많아질 테니 이 회사의 주식가격은 올라갈 겁니다. 반대로 회사 상황이 좋지 않아진다면 가격은 내려가겠죠.

주식 투자를 한다는 건, 이렇게 시시각각으로 변하는 주식을 싸게 사서 비싸게 팔아 수익을 내보자는 겁니다. 이렇게 적어두니 참 쉬운 일 같지만, 이를 위해 지난 몇십 년간 재무학, 기본적 분석, 기술적 분석 등 다양한 갈래로 연구가 이뤄졌습니다. 이런 내용은 챕터 2에서 하나하나 설명해 드릴 거고요. 지금은 원초적인 질문으로 돌아가 볼게요. 도대체 왜 회사는 멀쩡한 회사의 소유권을 쪼개서 주식으로 거래하는 것이며, 사람들은 왜 주식 투자를 하는 걸까요?

왜 주식을 사고파는가?

기업은 아무런 문제 없는 회사의 소유권을 왜 주식으로 쪼개서 거래하게 되었을까요? 여기서 주식의 중요한 역할이 나와요. 기업이 회사를 운영하는데 필요한 자금을 당겨오는 중요한 수단입니다. 기본 운영자금 외에도 대규모로 공장을 짓는다든가 회사를 운영하다 보면 큰돈이 필요한 일이 많죠. 회사가 영업을 잘해서 충분한 현금을 가지고 있고 이를 재원으로 투자하면 좋겠지만 사실 그렇지 않은 경우가 더 많을 거예요. 사람도 마찬가지죠. 큰 목돈이 들어가는 내 집 마련을 할 때 많은 사람이 영끌(대출을 받기 위해 영혼까지 끌어모은다는 뜻의 줄임말)해서 내 돈 외에도 은행에서 신용 대출, 주택을 담보로 주택담보 대출을 내서 매매합니다.

기업도 마찬가지로 돈이 필요할 때, 사람처럼 은행에서 대출을 받을 수도 있고요. 은행이 아니더라도 개인이나 회사에서 돈을 빌려올 수도 있어요. 이를 어려운 말로 채권을 발행한다고 합니다. 그런데 이런 방법 말고도 회사는 자금을 끌어올 방법을 하나 더 갖고 있습니다. 바로 회사의 소유권인 주식을 활용하는 거예요.

앞에서 주식을 산다는 것은 그 회사와 동업자가 되는 것이라고 말씀드렸는데요. 아래와 같은 방식으로 동업자를 모집해서 투자자에게 자금을 받고 회사의 소유권을 나눠주게 됩니다.

우리 회사가 좋아 보여서 동업을 하고 싶다고?
말로만 동업하자! 가 아니라,
투자금을 내면 그 증표로 주식을 나눠줄게.
그리고 네가 낸 투자금은 회사의 발전을 위해 사용하겠음!
우리 회사가 성장하면
너한테 나눠준 주식의 가치도 올라갈 거야

여기서 주식의 중요한 특성이 나와요. 회사 차원에서 자금이 필요해서 은행이나 누군가에게 돈을 '빌린'다면 이 돈은 갚아야 할 의무가 있습니다. 몇 년 후에 갚을 건지, 그동안 이자는 얼마나 줄 건 지를 미리 정해야 하죠. 그런데 주식을 통해 돈을 '투자' 받는다면 이 돈은 투자자에게 돌려줘야 할 의무가 없어요. 회사 차원에서는 원금을 갚아야 하고, 이자 부담이 있는 대출이나 채권 발행보다 주식 발행을 통해 투자를 받는 것이 편하겠죠. 투자자 처지에서도 폭발적인 성장이 기대되는 회사라면 돈을 빌려주고 정해진 이자만 받는 것보다 회사의 성장에 따라 내가 보유한 주식의 가치도 많이 커질 수 있는 주식 투자를 하는 편이 좋을 거예요.

물론, 내가 투자한 회사가 이 자금을 바탕으로 성장하고 내가 가진 주식의 가치도 상승하는 아름다운 그림을 그리면 좋겠지만 그렇지 않은 경우도 많아요. "저희가 이런 사업을 하고 있는데, 앞으로 미국 시장에 진출하고…… 이런저런 꿈과 희망이 있습니다"라는 말에 투자했는데 예상과 다르게 회사가 휘청일 수도 있죠. 이 경우, 이 회사에 정해진 만기와 이자율대로 돈을 빌려준 사람들은 비교적 타격이 크지 않아요. 회사가 망하지만 않는다면 아무리 휘청거려도 나하고 약속했던 대로 이자를 지급하고 원금을 돌려줘야 하는 의무가 있으니까요. 그렇지만 주식 투자자에게는 문제가 됩니다. 내가 가진 이 회사의 소유권, 주식의 가치가 회사의 경영 악화를 반영해 하락하기 때문입니다.

따라서 투자힐 주식을 고르실 때는 동업자를 찾는 과정이라고 생각하시고, 이 회사에 내 돈을 믿고 맡겨도 될지 꼼꼼하게 점검해 보시는 게 중요해요. 그런데 이를 위해 회사에 직접 방문하거나 전화해서 "믿고 맡겨도 되는 거죠?"라고 물어볼 수도 없죠. 걱정하지 마세요. 우리가 주식시장에서 거래할 수 있는 주식은 회사와 관련된 정보를 모두 공개하고 있어요. 컴퓨터 앞에 앉아서 이 회사가 어떤 일을 하고 돈은 얼마나 잘 버는지 등을 확인할 수 있습니다.

투자 = 돈이 나를 위해 일하게 하라

마지막으로 "사람들은 왜 투자를 하는가?"에 대해 동기 부여(?) 측면에서 얘기해 볼게요. 우리 모두 돈을 많이 벌고 부자가 되기를 꿈꿉니다. 꿈으로 그치지 않으려면 현실적으로 어떻게 해야 할지 여러 방법을 고민해봐야 합니다. 너무 당연하게 지금까지는 열심히 공부해서 좋은 직업을 받고 높은 연봉을 받으면 될 줄 알았는데, 점점 이 근로소득만으로 경제적 자유를 이루는 건 굉장히 어려워지고 있어요.

근로소득에만 집중하는 건 나를 위해 나 혼자 일하는 겁니다. 돈이 나를 위해 일하게 하라! 라는 말을 들어보셨을 거예요. 돈이 일해서 얻을 수 있는 자본소득을 얻을 방법을 스스로 공부해서 찾아 나가셔야 해요. 계좌에서 잠자고 있는 돈을 내가 관심 있는 회사에 투자해도 됩니다. 나는 월급 인상 가능성도 작고 성장이 더딘 회사에서 일하고 있더라도, 투자를 통해서 미래가 유망한 분야의 성장세를 같이 누릴 수 있어요. 주식 투자를 통해서 나의 돈을 창창한 회사의 동업자로 취직시키는 거죠. 꼭 주식 투자가 답은 아니고요. 주식 투자가 두렵다면, 좀 더 리스크를 낮춘 여러 금융상품에 가입하는 것도 방법입니다.

또, 여유시간이 나를 위해 일하게 하세요. 앞서 말씀드린 자본소득은 일하라고 보낸 돈을 잃는(!) 상황이 벌어질 수 있습니다. 투자 공부가 너무 어렵고, 원금 손실이 너무 싫다! 는 분들이 여유시간을 활용한 투잡 등 부업을 많이 하시는 것 같아요. 최근에는 직접 몸으로 뛰는 것이 아닌, 집에서도 간단히 할 수 있는 부업이 많아지고 있어요. 블로그, 유튜브, 스마트스토어, 개인 출판 등 무수히 많은 부업이 있으니 본인의 강점을 활용해 여유시간이 일하게 만드는 것도 좋은 방법이에요.

혼자보단 둘이 낫고, 둘보단 셋이 낫겠죠. 나도 일하고, 내 돈도 일하고, 내 여유시간도 일해 다양한 수입 창출의 파이프라인을 만들어 봅시다. 물론, 분산하는 것보다 회사 생활에만 집중해 빠른 승진과 연봉 인상을 도모할 수 있는 분은 그것에만 집중하는 것이 맞습니다. 이 책은 여러 방법 중 접근성이 쉽고, 소액으로도 시작할 수 있는 주식 투자에 대해 집중적으로 말씀드릴 거에요. 마지막으로, 제가 인상 깊게 보고 인생의 모토로 삼고 있는 워런 버핏(투자의 대가, 자산 수십조 원)의 명언을 보고 넘어가도록 할게요.

잠자는 동안에도
돈이 들어오는 방법을 찾지 못한다면,
당신은 죽을 때까지
일해야만 할 것이다.

2
그래서 무슨 일을 하는데?
사업보고서 읽기

　'주식을 산다'라는 것은 그 회사의 일부를 소유하고 회사와 동고동락을 함께 하는 동업자가 된다는 뜻인데요. 그럴 경우, '주식을 고른다'라는 것은 누구와 동업자가 될지 결정하는 것과 같습니다. 동업할 때는 이 회사의 아이템이 무엇인지, 매출, 비용, 수익 구조는 어떤지, 등의 기본적인 내용을 알아보아야 하는데요. 이런 내용은 '사업보고서'에서 찾아볼 수 있습니다. 우선 사업보고서에 대한 기본적인 내용부터 초보 투자자가 주식 투자를 위해 꼭 챙겨보아야 할 사업보고서의 핵심을 짚어보도록 하겠습니다.

사업보고서란?　　　　　　　　　　　　——

　회사에 내한 기본적인 정보를 담고 있는 서류인 사업보고서는 '다트DART'라는 사이트에서 찾아볼 수 있는데요. 다트는 금융감독원에서 운영하는 전자공시시스템입니다. 다트의 '사업보고서'에 접속하면 이 회사가 어떤 사업 아이템으로 영업을 하고 있고, 돈은 어떻게 쓰고 있고, 수입이 얼마고, 지출이 얼마인지 등, 공표해야 하는 내용을 전부 확인할 수 있습니다.

　다트에서는 상장사와 비상장사의 회사 관련된 서류를 모두 확인 가능한데요. 사업보고서는 상장회사가 1년에 4번, 분기마다 발표하는 서류입니다. 발표 시기에 따라 분기에 발표하면 분기보고서, 회계연도 반년이 지난 6월에 발표하면 반기보고서, 1년 결산 후 발표하면 사업보고서라고 부릅니다. 처음 종목을 공부할 때는 이름에 상관없이 가장 최신 보고서를 참고하면 됩니다.

사업보고서 확인하는 방법

[전자공시 사이트]

① 다트(dart.fss.or.kr)에 접속하고, 화면의 '회사명'란에
회사 이름(ex. 삼성전자)을 입력한다.

② '정기공시' 메뉴에서 '전체선택'을 클릭해 전체 정기공
시를 검색한다.

③ 결과로 나온 사업보고서, 반기보고서, 분기보고서 중
가장 최신 자료를 클릭한다.

사업보고서의 핵심 파악하기

다트에서 확인 가능한 사업보고서는 기본 100페이지가 넘는 많은 내용을 담고 있습니다. 소액 투자자나 초보 투자자가 많은 양의 사업보고서의 모든 내용을 일일이 다 확인하고 투자하는 것은 현실적으로 어렵습니다.

사업보고서에서 꼭 확인해야 하는 부문은 사업보고서의 파트 2, '사업의 내용'에서 찾아볼 수 있는데요. 이 부분에서 회사가 어떤 사업 부문을 가졌는지, 그리고 회사의 사업 아이템이 무엇인지 파악할 수 있답니다. 하지만 이 부분의 내용도 상당히 긴 편인데요. 한 회사를 파악하기 위해 꼭 알아봐야 할 세 가지 핵심 사항에 대해 알아보도록 하겠습니다.

사업 부문과 비중

삼성전자는 가전제품, 반도체, 핸드폰을 제조하는 회사로 알려져 있는데요. 이럴 경우, 가전 사업부, 반도체 사업부, 핸드폰 사업부 등으로 나눠집니다. 여러분의 관심 종목도 어떤 사업부가 있는지 확인해 보세요. 작은 종목의 경우 사업부가 하나만 있기도 하나, 종목 대부분은 여러 개의 사업 부문을 가지고 있습니다.

사업 부문이 여러 개면 각 사업 부문의 비중을 확인해야 합니다. 삼성전자의 경우 크게 다섯 개의 사업부 즉, 가전 사업부CE, 반도체 사업부IM, 핸드폰 사업부, 디스플레이 사업부, 하만Harman 사업부로 나뉘어 있는데요. 매출액 기준, 반도체와 핸드폰 사업 부문은 각각 40% 정도 차지하고 나머지 부문은 20% 이하를 차지합니다. 이럴 경우, 다섯 개의 사업 부문 중 비중이 높은 반도체와 핸드폰 사업 부문을 중점적으로 보고서를 살펴보면 됩니다.

2018년 3분기 당사 제품별 순매출액 및 매출 비중은 다음과 같습니다.

부문		주요제품	순매출액	비중
CE 부문		TV, 모니터, 냉장고, 세탁기, 에어컨 등	303,215	16.4%
IM 부문		HHP, 네트워크시스템, 컴퓨터 등	773,582	41.9%
DS 부문	반도체 사업	DRAM, NAND Flash, 모바일AP 등	675,435	36.6%
	DP 사업	TFT-LCD, OLED 등	232,908	12.6%
		부문 계	908,051	49.2%
Harman 부문		Headunits, 인포테인먼트, 텔레메틱스, 스피커 등	62,920	3.4%
기타		-	△202,703	△11.0%
전체 계			1,845,064	100%

[삼성전자 사업 보고서 일부]   (단위: 억원, %)

시장 구조(점유율)

이 회사가 영위하고 있는 사업 부문이 해당 산업 내에서 어느 정도의 입지를 가졌는지 확인해 봅니다. 현대자동차(현대차)를 예로 들면, 현대차만 자동차를 생산할 수 있는 독점 구조인지, 아니면 몇 개의 소수의 회사가 자동차를 생산할 수 있는 과점 구조인지, 아니면 아무나 다 할 수 있는 자유경쟁 구조인지를 우선 파악합니다.

시장 구조는 사업보고서의 '사업의 내용'에서 파악할 수 있는데요. 주로 '시장 여건'이라는 항목에서 찾아볼 수 있습니다. 설명이 길어 이해가 잘 안 될 경우, 점유율을 검색해보는 것도 하나의 방법입니다. 예를 들어, 시장 점유율이 50%일 경우, 시장 내 입지가 탄탄하고 경쟁 구도상 우위를 차지하고 있다고 판단할 수 있답니다. 높은 점유율을 차지하고 있는 독과점 종목들은 수익성이 좋은 경우가 많은데요. 여러분의 관심 종목이 어떤 환경에서 영업하는지 확인해 볼 필요가 있습니다.

업황 민감도

경기 변동에 민감한 정도를 나타내는 업황 민감도를 확

인해 보아야 합니다. 예를 들어, 내수를 위주로 하는 KT, SK 텔레콤, LG U+와 같은 통신 회사와 수출을 많이 하는 삼성 전자, 현대차를 비교했을 때, 내수 위주의 회사가 외부 환경 이나 경기 변화에 따른 민감도가 낮은 편입니다.

경기 민감도가 낮은 업체들은 경기 침체가 와도 여전히 수익을 낼 수 있고 주가도 덜 흔들리는데요. 민감도를 알아 낼 수 있는 쉬운 방법은 이 회사가 어떤 업종에 속해 있는가

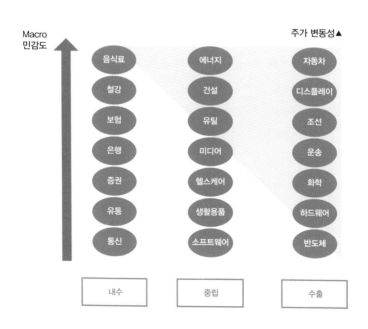

[업황 민감도와 주가의 관계]

를 파악하는 것입니다. 일반적으로 내수 위주의 업종은 민감도가 낮고 수출 위주의 업종은 민감도가 높다고 이해하고 접근하면 됩니다. 업종별 경기macro 민감도와 수출/내수 구분을 정리한 도표를 참고하시면 좋아요. 일반적으로 오른쪽 위 대각선 방향으로 갈수록 민감도가 높고 개별 종목의 주가 변동성도 높아집니다.

초보 투자자에게 사업보고서는 너무 길고 어렵게 느껴집니다. 하지만 여러 회사의 사업보고서를 자주 접하다 보면 원하는 정보를 어디서 찾아야 하는지 쉽게 알 수 있게 됩니다. 어느 정도의 통일된 양식을 갖춘 표준화된 서류이기 때문이죠. 투자할 주식 종목을 찾는 것은 나와 동업할 동업자를 찾는 것과 같은 과정입니다. 나와 동업할 사람을 찾는데 '누가 어떻다더라'라는 주변의 뜬소문만 듣고 쉽게 결정할 수는 없는 법이죠. 사업보고서를 통해 내 동업자에 대한 최신 근황과 정보, 특히 위에서 짚어준 세 가지 핵심 사항을 꼭 확인한 후 투자에 접근하시길 바랍니다.

3
비슷한 종목들
모여라

주식과 관련된 뉴스나 기사를 보다 보면 성장주, 가치주, 배당주, 기술주 등 여러 종류의 ○○주가 등장합니다. 이번에는 이 ○○주를 어떤 기준으로 분류하고 이름 붙이는지 살펴보도록 하겠습니다. 학교 다닐 때를 생각해보면 한 반에 30~40명 되는 친구 중에서도 성격, 성별, 관심사에 따라 5~6명의 그룹으로 나눌 수가 있었죠. ○○주도 마찬가지로 성격, 하는 일 등이 비슷한 주식들을 묶어둔 그룹을 의미합니다.

미국 시장의 예를 들어서 설명해 드릴 건데요. 한동안 9시

뉴스에서 '코로나로 미국 S&P 500 지수가 급락했습니다'라는 말들이 많이 나왔었죠. 이 S&P 500 지수는 미국에 상장된 종목 중 비교저 규모가 크고 우량한 500개 기업의 묶음을 말합니다. 미국 S&P 500을 예로 들어 500개 기업을 어떻게 나누는지 찬찬히 얘기해 볼게요.

주식 종목의 분류 ‎ ‎ ‎ ‎ ——

1. 업종(섹터)별 분류

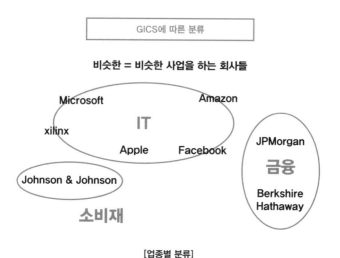

[업종별 분류]

S&P 500이라는 묶음 안에는 아마존, 페이스북, JP모건, 존슨&존슨 같은 다양한 사업을 하는 회사들이 포함되어 있죠. 이 500개의 종목 중 비슷한 사업을 하는 회사끼리 묶어 '업종', 또는 '섹터'라는 이름으로 그룹을 만들었습니다.

글로벌 3대 신용평가사 중의 하나인 S&P가 '업종 분류를 어떻게 해야 종목들을 잘 구분해낼 수 있을까'를 연구해서 긱스GICS라는 글로벌 기준을 만들었는데요. 그 기준에 따르면 정유, IT, 금융, 소비재, 바이오, 부동산 등과 같이 11개의 큰 카테고리인 '섹터'가 있고 그 아래 세부 업종들이 구분됩니다. 같은 IT 회사에 속하는 회사지만 애플은 하드웨어 산업 그룹, 페이스북은 인터넷 관련 사업 산업 그룹으로 세부적으로 분류되고 있습니다.

2. 규모별 분류

주식 종목을 나누는 또 하나의 기준은 비슷한 규모의 회사끼리 묶는 것입니다. 큰 회사냐, 작은 회사냐에 따라 대형주 또는 중·소형주로 구분이 됩니다. 아무래도 우리가 많이 들어본 회사가 대형주에 포함되어 있겠죠?

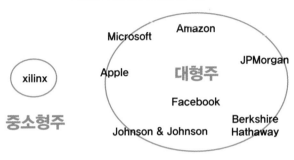

[규모별 분류]

규모의 기준은 일반적으로 시가총액입니다. 대형주는 중·소형주에 비해 주가의 흐름이 완만하고 유동성이 좋은 편이고 중·소형주는 주가 변동 폭이 크고 상대적으로 유동성이 떨어지는 편입니다.

3. 성격별 분류

비슷한 성격의 회사끼리도 분류해 볼 수 있는데요. 주식 시장에서 가장 큰 성격의 분류 기준은 '성장growth'이라는 성격을 강하게 띠는 '성장주'인가, 아니면 '가치value'라는 성격을 띤 '가치주'인가 하는 것입니다.

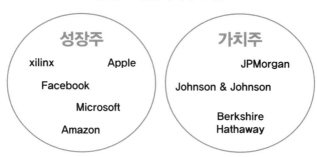

성격에 따른 분류

비슷한 = 비슷한 성격의 회사들

[성격별 분류]

성장주는 앞으로 폭발적인 성장이 있을 것이라고 기대하고 투자하는 종목인데요. 주로 IT 종목과 바이오 종목이 해당합니다. 특히 바이오 종목의 경우, 당장 수익이 나는 구조는 아니지만, 임상 단계를 거쳐 허가를 받게 되면 큰 수익으로 이어질 수 있다고 투자자에게 성장성을 강조하는 성향이 강합니다.

통신이나 금융주가 많이 속해 있는 가치주는 폭발적인 성장보다는 안정적인 수익 모델과 높은 배당이 매력 포인트로 꼽힙니다. 일반적으로 성장주 대비 주가의 변동 폭이 작고, 보유한 자산이나 벌어들이는 이익에 대비해서 시장에서 거래되는 가격이 저렴한 종목들입니다.

성격에 따라 경기방어주, 경기민감주, 배당주, 로우볼 low-volatility주 등 다양한 성격에 따른 분류가 가능한데요. 사람의 성격을 분류할 때 100% 외향적, 100% 내향적이다고 단정 지을 수 없는 것처럼, 주식을 성격별로 나눌 때도 단정적으로 구분하기 쉽지 않습니다. 과거 삼성전자가 성장주로 분류되다 최근 미래 이익 성장을 보고 투자하는 데 대한 의문을 품은 투자자가 많아지면서 점차 가치주로 넘어가고 있는 것이 좋은 예입니다.

ETF, 종목 고를 필요 없이 통으로 사자!   ____

이번 파트에서는 IT섹터, 성장주, 배당주 등 특정 주제와 관련된 종목들을 손쉽게 묶어서 투자할 수 있는 ETF에 대해서 말씀드릴게요. 결론부터 말씀드리면, ETF는 우리가 직접 종목 발굴을 하고, 각 종목의 비중을 정할 필요 없이 알아서 관련 종목에 분산투자를 할 수 있도록 구성해 놓은 상품입니다.

예를 들어 보면요. 정부에서 한국형 뉴딜을 외치며 신재생 에너지(풍력, 태양광 등)분야를 키우겠다고 발표했어요. 관련 회사들에게 굉장한 호재입니다. 그런데 직접 구체적인 관련 기업, 종목들을 찾고, 나아가 재무제표나 사업보고서 등을 살펴보려면 머리가 아플 거에요.

ETF는 이런 종목 선정, 비중 결정의 어려움이 없습니다. "신재생에너지 분야에 투자하고 싶으면 이 종목들을 이 비중 대로 담아가면 됩니다"라고 정해진 지수index가 있고, 그 지수대로 투자자의 돈을 굴려주는 거에요. 예로 든 신재생에너지 뿐만 아니라 가치주, 배당주 ETF도 있구요. 업종을 기준으로 하는 IT, 금융 ETF도 있습니다. 차례로 더 설명을 드려볼게요.

1. S&P 500 growth ETF와 S&P 500 value ETF

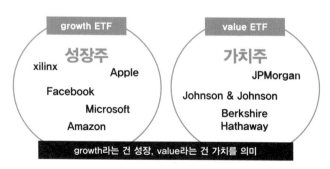

[ETF 종류 1]

S&P 500 내에서 성장의 성격을 강하게 띠는 종목에 투자하는 비중을 높이거나 집중해서 투자하는 ETF를 S&P 500 growth ETF라고 합니다. 애플이나 마이크로소프트 같은 성장주에 S&P 500에서 정해져 있는 기준 보다 높여서 비중을 할애하는 방식으로 만들어진 ETF 상품인데요. 예를 들어, S&P 500 ETF에서 애플의 비중이 5%로 정해져 있다고 하면, S&P 500 growth ETF에서는 애플의 비중을 10%로 비중을 조절하는 방식으로 성장주에 투자하는 비중을 높이게 됩니다.

반대로 성장보다는 가치라는 성격을 띤 종목에 집중해서 투자하는 ETF를 S&P 500 value ETF라고 합니다. 마찬가지로 가치주에 대한 비중을 좀 더 확대하는 방식으로 상품을 구성하게 됩니다.

2. tech ETF와 finance ETF

S&P tech ETF, 또는 US tech ETF라는 상품이 있다면, 미국에 있는 다양한 IT 종목 위주의 ETF라고 이해하면 되고, S&P finance ETF, 또는 US finance ETF라는 상품이 있다면, 금융업을 하는 종목만 모아서 사주는 ETF로 이해하면 됩니다.

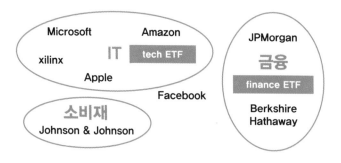

[ETF 종류 2]

일반적인 초보 투자자라면 tech와 finance처럼 특정 섹터나 업종에 투자하는 ETF나, growth ETF와 value ETF보다 S&P 500 core ETF나 아무 이름이 붙어있지 않은 S&P 500 ETF 상품에 투자하시길 권해드려요. 아무래도 특정 부분의 주식에 투자한 ETF보다 일반적인 구조의 ETF가 장기적인 투자와 변동성이 적은 투자에 적합하기 때문입니다.

종목 분류에 대한 이해는 ETF 상품들이 어떤 종목들 위주로 만들어진 상품인지 이해할 수 있게 해줄 뿐만 아니라 개별 종목에 투자할 때도 자신만의 투자 기준을 세울 수 있

게 해줍니다. 종목의 분류는 투자자라면 꼭 알아두어야 할
기본 내용이라고 할 수 있습니다.

4
회사도 가계부를
씁니다

　많은 투자자가 관심 종목의 애널리스트 보고서나 사업보
고서를 읽을 때, 알 수 없는 용어로 당황한 경험이 있을 겁
니다. 그중에서 많은 숫자와 표로 이루어진 재무제표를 특
히 어려워하는데요. 초보 투자자가 알아야 할 재무제표의
기본 원리를 쉽고 간단하게 설명해 드리겠습니다.

　재무제표는 회사의 가계부라고 생각하면 됩니다. 회사는
개인과 달리 규모도 크고 비즈니스를 하니 개인의 가계부
보다 좀 더 체계적이고 복잡할 뿐인데요. 재무제표는 손익
계산서, 대차대조표, 그리고 현금흐름표 이 세 가지로 구성

되어 있습니다. 컵을 만드는 회사의 경우를 예로 들어 이 세 가지 서류에 관해 얘기해 볼게요.

손익계산서 ____

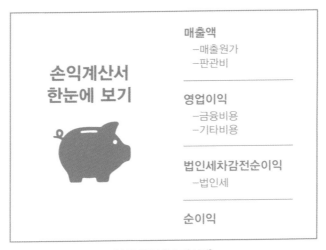

매출액
  −매출원가
  −판관비

영업이익
  −금융비용
  −기타비용

법인세차감전순이익
  −법인세

순이익

손익계산서 한눈에 보기

[손익계산서 한 눈에 보기]

손익계산서란 회사가 얼마를 벌어서 얼마를 지출했고, 순수하게 번 돈이 얼마인지 그 내용을 기록하는 서류입니다. 사람으로 예를 들면, 월급이 들어와서 식비, 월세 등을 내고 얼마가 남았다는 것을 기록하는 장부이죠. 기업의 손익계산서 흐름은 위에서부터 아래로 가면서 근로자, 채권자, 국가 등 영업에 도움을 준 모든 분과 매출을 나누는 과정이라고 생각하면 이해하기 쉽습니다.

1. 매출액

매출액이란 컵의 판매가격과 판매 개수를 곱한 총 판매금액입니다. 당연히 판매가격과 개수에 비례해서 매출액은 커지게 됩니다. 손익계산서 중 가장 중요한 숫자 중의 하나입니다.

2. 매출원가, 판관비, 영업이익

비용 중 제일 먼저 비용으로 잡히는 건 매출원가와 판관비(판매비+관리비)입니다. 매출원가는 우리가 흔히 얘기하는 원가의 개념으로 컵을 만드는데 들어간 재료비입니다. 판관비에는 판매와 회사 관리에 들어간 비용이 포함되는데요. 대표적으로 직원의 급여가 있습니다. 이렇게 매출에서 원가와 관련 비용을 제하고 나면 영업이익이 나오게 됩니다. 영업이익은 순수하게 영업을 통해 벌어들인 수익을 보여주는 것으로 손익계산서 중 가장 중요한 숫자 중 하나입니다.

3. 금융비용, 기타비용, 법인세차감전순이익

처음 컵 만드는 회사를 차릴 때 돈이 모자라서 다른 투자자한테 돈을 빌리거나 은행에서 대출을 받아 공장을 세웠다면 이자를 지급해야 하는데요. 이자 지급액 등이 금융 비용에 포함됩니다. 그 외 영업과 관련이 없는 기타비용들을 제하고 나면 법인세차감전순이익이 산출됩니다.

4. 법인세, 순이익

이렇게 컵을 만들어 돈을 벌면 제일 마지막으로 이익을 나눠야 하는 곳이 있는데요. 바로 국가입니다. 법인 회사가 국가에 내는 돈은 법인세인데요. 국가와도 수익을 나누고 나면 최종적으로 사업해서 번 순수한 이익인 순이익이 나오게 됩니다. 순이익은 손익계산서 중 매출액, 영업이익과 함께 가장 중요하게 챙겨봐야 할 숫자입니다.

대차대조표

자산	**부채** (a.k.a 남의 돈)
	자본 (a.k.a 내 돈)

[대차대조표 한 눈에 보기]

대차대조표는 회사가 보유한 것들을 정리한 장부입니다. 마찬가지로 사람으로 예를 들면, 열심히 모은 돈을 예·적금, 주식 투자하기도 하고 은행 대출을 당겨 집을 사기도 하잖아요. 이렇게 내가 보유하고 있는 자산과 빚(부채) 등을 나타내는 서류입니다. 이 대차대조표는 위의 도식처럼 자산, 부채, 자본이라는 세 부분으로 구성되어 있어요.

각 파트를 설명해 드리기 전에 대차대조표의 중요한 원칙이 있는데요. 자산은 남의 돈인 부채와 내 돈인 자본의 합이라는 것입니다. 5억짜리 집을 사기 위해 은행에서 대출을

50% 받고 내 돈을 50% 사용한다면, 자산(집, 5억) = 부채(은행 대출, 2.5억)+자본(내 돈, 2.5억)이 되기 때문입니다.

1. 자산

자산은 회사가 영업하는 데 필요한 준비물을 꾸린 것으로 생각하면 됩니다. 컵 제조회사가 영업하는 데 필요한 준비물에는 컵을 만들기 위한 공장, 영업하기 위한 어느 정도의 현금, 컵의 캐릭터에 대한 특허권 등이 포함될 수 있습니다. 자산은 보통 1~2년 정도의 단기에 현금화 가능하냐 아니냐에 따라 유동자산과 비유동자산으로 나뉩니다.

유동자산에는 현금, 단기 금융상품, 매출채권, 재고자산이 포함됩니다. 단기 금융상품이란 단기간 내에 만기가 돌아오는 예금, 적금, 기타 금융상품을 말합니다. 매출채권이란 컵을 판매하고 현금으로 바로 받지 못했지만 1년 이내에 받을 수 있는 외상 대금이라고 생각하면 됩니다. 아직 팔리지 않고 창고에 있는 상품인 재고자산도 유동자산인데요. 보통 단기간 내에 팔 수 있다고 생각하기 때문입니다.

비유동자산에는 회사가 소유한 토지, 공장, 설비와 같은 항목이 포함됩니다. 형태가 없는 특허와 같은 무형자산도 포함됩니다.

2. 부채

영업을 위한 준비물인 자산을 꾸릴 때 돈이 모자라면 남의 돈을 빌려올 수 있겠죠. 이렇게 남의 돈을 빌려온 부분이 재무제표상에서 부채로 표시됩니다. 자산과 마찬가지로 유동부채와 비유동부채로 나눌 수 있습니다. 유동부채는 만기가 가까운 금방 갚아야 하는 돈을, 비유동부채는 만기가 비교적 긴 부채를 의미해요. 세부항목으로 사채, 장기차입금, 등의 계정이 있는데 세부적인 내용보다 전체적인 구성에 대한 감만 잡고 있으면 됩니다.

3. 자본

자본은 회사를 차릴 때 투입한 주주(나)의 돈이 자본금이 포함됩니다. 자본금 외에도 자본잉여금, 이익 잉여금 등의 계정이 있는데요. 자본잉여금에는 회사를 운영하다 추가 투자금을 받거나, 상장/증자 등을 통해 자금을 확보한 '주주(나)의 돈'이 들어갑니다. 영업 활동을 통해 얻은 순이익 중에서 주주들에게 배당을 주고 나서 남은 이익잉여금도 자본 항목에 포함됩니다.

현금흐름표

> 1) 영업 현금흐름: +
> 2) 투자 현금흐름: −
> 3) 재무 현금흐름: −

[현금흐름표 한 눈에 보기]

현금흐름표는 손익계산서에서 나타나지 않는 현금의 유입과 유출을 보여주는 서류입니다. 매년 흑자를 낸 회사임에도 불구하고 하루아침에 망하는 회사도 있습니다. 매출은 손익계산서에 기재되어 흑자를 내고 있지만, 실제 현금은 한참 뒤에 받거나 때로는 받지 못해 회사를 운영하는 데 어려움을 겪을 수 있죠. 이런 경우를 위해 현금의 움직임을 기록해야 할 필요성이 생기게 된 것입니다.

현금의 유출과 유입이 어디에서 생긴 것인지, 그 목적에 따라 영업 현금흐름, 투자 현금흐름, 그리고 재무 현금흐름으로 구분됩니다. 부호가 (+)이면 회사 내부로 현금 유입을, (-)이면 유출을 의미합니다. 초보 투자자의 경우는 각 현금흐름의 부호를 먼저 확인하시면 됩니다.

1. 영업 현금흐름

영업 활동을 통해서 유출, 유입된 현금을 의미합니다. 영업 현금흐름은 부호가 플러스(+)인 것이 좋습니다. 부호가 플러스(+)라는 것은 영업을 통해 회사로 현금이 꾸준히 들어오고 있다는 의미입니다. 반대로 부호가 마이너스(-)라는 것은 회사가 영업하고 있지만, 오히려 회사에서 돈이 빠져나가고 있다는 좋지 않은 신호입니다.

당기 순이익과 그 규모를 비교하는 것도 좋은 방법입니다. 영업 현금흐름의 산식 상 순이익보다 영업 현금흐름이 큰 것이 좋습니다. 순이익 대비 너무 적은 영업 현금흐름 흑자가 나오고 있다면 좋지 않은 신호일 수 있어요.

2. 투자 현금흐름

현금의 흐름이 투자 활동을 통해서 발생한 경우를 말합니다. 이 경우에는 일반적으로 부호가 마이너스(-)인 것이 좋습니다. 부호가 마이너스(-)라는 것은 회사가 꾸준히 투자 활동을 해서 현금이 유출되고 있다는 뜻입니다.

투자에는 주식과 같은 금융상품에 투자하는 것과 공장을 확장하고 기계 설비를 들여오는 설비 투자, 2가지가 있는데요. 일반적으로 제조업 회사들은 어느 정도 설비 투자를 늘려가면서 생산 능력 즉, 최대 생산량CAPA을 높여가는 것이 좋습니다. 이 부분을 따로 확인하고자 투자 현금흐름 중에서 설비 투자에 대한 현금흐름을 CAPEXCapital expenditures로 정리해서 보여주고 있어요.

투자 현금흐름 부호가 플러스(+)인 회사에 투자할 때는 주의를 기울일 필요가 있는데요. 금융상품에 투자해서 돈을 벌었을 때는 문제가 없겠죠. 하지만 설비 투자를 했는데 현금이 나가지 않고 오히려 들어왔다는 것은 회사가 기존의 설비를 팔았다는 얘기입니다. 일반적으로 영업을 위한 설비를 파는 경우는 드물어서 이런 경우는 회사 내부적으로 어떤 문제가 있을 것이라는 합리적인 의심을 해볼 수 있습니다.

이런 경우 설비를 팔아야 할 만큼 돈이 급한 일이 생겼을 확률이 높은데요. 본업인 영업 활동을 통해 돈을 잘 벌고 있다면 그 돈으로 갚으면 되겠지만 그런 경우가 아니기 때문에 설비를 팔 수밖에 없는 것입니다. 따라서 투자 현금흐름이 플러스(+)이면 회사가 어려움을 겪고 있을 가능성이 크니 주의해야 합니다.

3. 재무 현금흐름

　배당한다든가, 은행에서 돈을 빌린다든가 하는 재무 활동을 통해서 현금의 유출입이 발생한 경우를 말하는데요. 이 경우에는 부호가 마이너스(-)인 것이 좋습니다. 영업 현금흐름과 투자 현금흐름보다는 중요도가 좀 낮지만, 투자자로서는 꾸준히 배당을 주는 회사를 선호할 수밖에 없기 때문입니다.

　재무제표에 관한 내용은 중요하고 알아두어야 할 내용도 많은데요. 그중에서도 사업보고서나 애널리스트 보고서를 읽을 때 알아야 할 내용 위주로 정리해봤습니다. 재무제표에 대한 기본을 익혔으니 조금 더 디테일하게 내가 투자하려는 회사가 괜찮은 회사인지 아닌지 판단하는 다양한 방법에 대해서 알아보도록 하겠습니다.

5
코스피/코스닥 시장,
삼겹살 가게로 이해하기

주린이 A씨는 '유망한 회사의 주식에 투자해서 성장세를 같이 누리자!'라는 생각으로 요새 핫한 마켓컬리나 방탄소년단의 소속사 빅히트 엔터테인먼트 등에 투자하려고 해요. 그런데 마켓컬리는 증권사 앱에서 찾아볼 수 없는 '상장'이 되지 않은 회사라고 합니다. 빅히트 엔터테인먼트는 막 상장을 해서 거래를 할 수 있다고 하구요. 이번에는 상장, 기업가치 등 이해하기 어려운 용어나 개념들을 풀어서 설명해볼게요. 쉬운 설명을 위해 챔, 즉 제가 백종원 님과 '백삼겹살'이라는 삼겹살 가게를 동업으로 차려서 회사를 키워나가는 경우를 예로 들어 얘기해 보겠습니다.

창업단계

(주)백삼겹살 창업단계			나는 5억 원을 투자해 (주)백삼겹살의 주식을 5만 개 받았다.		
	부채		기업가치		1,000,000,000
			주당가격		10,000
	자본		주식수	챔	50,000
자산				백종원	50,000
	챔	5억 원		부자	–
	백종원	5억 원	지분율	챔	50%
				백종원	50%
				부자	–

[주식회사 백삼겹살 창업]

1. 자본

최초 회사를 설립하는 단계에서 필요한 자금이 10억 원 정도이고, 그중 일부인 5억 원을 챔이, 나머지 5억 원을 백종원 님이 투자하기로 했는데요. 이 10억 원을 '회사의 운영을 위한 돈이야'라고 자본에 납입을 하게 되고 이 자금이 회사의 자본금이 됩니다.

2. 기업가치

아직 이 회사는 영업하지 않고 있고 창업단계이기 때문
에 초기 자본금만큼 기업가치가 형성되겠죠. 총 자본금이
10억 원이기 때문에 창업단계의 기업가치는 10억 원이 됩
니다.

3. 주식, 주가, 주수

각각 5억 원씩 투자했기 때문에 투자금에 대한 증거로 백
삼겹살 회사의 '주식'을 받게 됩니다. 이 회사의 주식 1주당
가격을 만 원으로 정한 경우, 5만 주면 5억 원이 되기 때문
에 백삼겹살 회사의 주식 5만 개를 받게 되는 것이죠. 이때
주가는 만 원, 주수는 5만 개가 됩니다.

4. 지분율

회사를 누가 얼마나 소유하고 있나를 보여주는 수치인
데요. 챔과 백종원 님이 반반씩 투자했으니 지분율은 각각
50%, 50:50입니다.

사업 운영과 주식 매매 단계 ___

1. 주식의 매수·매도

창업 1년 후, 투자자 중 한 명인 챔이 급전이 필요해 투자했던 5억 원을 회수해야 하는 경우가 생겼다고 가정해 볼게요. 챔이 5억 원을 회수하기 위해 잘 운영되고 있는 삼겹살 가게를 운영 정지시키고 삼겹살 가게의 설비들을 팔아서 5억 원을 회수하게 되면 사업의 연속성에 문제가 생기게 됩니다.

이때 삼겹살 가게가 장사가 잘돼서 투자를 원하는 사람이 많다면 그 사람들에게 주식을 팔아서 현금을 확보할 수 있고 사업도 계속해나갈 수 있게 됩니다. 챔은 가진 주식을 다른 투자자에게 '매도'할 수 있고, 그 주식을 산 사람은 주식을 '매수'하게 되는 것이죠.

2. 기업가치의 향상

창업단계에는 기업가치가 납입한 자본금과 같은 10억 원이었습니다. 그러나 1년 후, 그동안 영업이 잘돼서 손익계산서상 순이익이 흑자가 나고 있는 상황이 되면 기업가치는 오르게 됩니다. 여기서 흑자가 아니어도 기업가치는 상승할 수 있어요. 여전히 돈을 못 벌더라도 공동대표인 백종원 님이 다수의 방송에 출연해 회사의 브랜드 가치가 높아졌다면 이를 반영해 기업가치는 높아질 수 있습니다. 이 기업가치는 사고파는 사람들의 매매로 결정됩니다. 이제 주식 1주당 1만 원이 아니라 2만 원의 가격에 산다는 사람들이 많다면 기업의 가치는 10억 원이 아니라 20억 원으로 오르게 되는 거죠.

3. 배당

백삼겹살 회사가 1년 동안 순이익을 10억 원을 올렸다고 가정해 볼게요. 이 경우, 이 10억 원의 순수익에 대해 지분율만큼 주주에게 권리가 있다고 생각하면 됩니다. 주주들의 의사결정에 따라 주주가 그 수익의 일부 또는 전부를 가져갈 수도 있는데요. 이때 주주들이 수익금을 받아 가는 것이 바로 '배당'입니다. 수익금 전액을 배당하기로 하면 지분율에 따라 챔이 5억 원, 백종원 님이 5억 원의 배당을 받아 가게 됩니다.

4. 주가의 상승

영업을 통해 벌어들인 돈을 주식 투자한 지분율대로 가져갈 수 있는 권리가 있으니 영업해서 돈을 잘 벌수록 이 회사의 소유권을 의미하는 주식의 가치도 올라가게 됩니다. 챔이 급전이 필요해 가진 주식을 누군가에게 팔게 되면 이제는 한 주당 2만 원에 팔 수 있고, 가진 주식 전부를 매도하면 10억 원을 받을 수 있게 되는 것입니다.

10억 원은 챔에게!
회사 장부로 들어오지 않는다

					창업단계	
			기업가치			2,000,000,000
	부채		주당가격			20,000
			주식수	챔		50,000
자산	자본			백종원		50,000
				부자		50,000
	챔	5억 원	지분율	챔		50%
	백종원	5억 원		백종원		50%
				부자		50%

[주식회사 백삼겹살 주식 매매]

5. 주식 거래가 가능한 시장

회사의 규모가 커질수록 해당 종목의 주식을 사고팔고 싶은 사람이 많아질 거예요. 그런데 그때마다 사려는 사람과 팔려는 사람을 찾아서 거래하려면 쉽지 않겠죠. 그래서 일정 조건을 만족한 규모가 있는 주식회사의 지분, 주식 소유권을 거래하라고 시장을 꾸리게 되었습니다. 여러분이 이름을 많이 들어보셨을 코스피, 코스닥 그리고 코넥스가 시장의 이름이에요. 'A 종목이 코스닥 시장에 상장했습니다'라는 말은 이제 A 주식을 코스닥 시장에서 자유롭게 사고 팔 수 있게 되었다는 의미입니다. 이 시장에서 거래되지 않는 '비상장주식'은 증권사의 브로커를 통해서 거래할 수 있습니다.

6. 세컨더리 마켓secondary market

다시 백삼겹살 사례로 돌아가 볼까요? 백삼겹살 회사의 주식을 챔이 부자라는 사람에게 전부 팔면 챔의 지분율 50%는 부자라는 사람에게 모두 넘어가게 됩니다. 이 경우에는 챔과 부자가 10억 원이 오가는 거래를 했지만, 그 돈이 회사 내부로 들어가지 않고 회사의 장부에 반영되지도 않아요. 코스피 시장에서 여러분이 삼성전자를 매수하셔도, 여러분이 지불한 매수 대금은 회사 내부로 유입되지 않고 삼성전자 주식을 매도한 매도자의 계좌로 들어갑니다.

이를 일종의 중고 거래라고 생각하시면 이해가 쉬운데요. 처음에 백화점에서 샤넬 가방을 구매할 때는 내가 지불한 금액이 샤넬로 흘러 들어가지만, 이후에 이 가방을 중고 시장에서 거래한다면 사고파는 사람 사이에서만 돈이 움직일 거에요. 주식도 마찬가지입니다. 처음에 시장에 상장하거나, 유상증자 등을 할 때만 거래 대금이 회사 내부로 들어가요.

여기서 '회사 내부로 돈이 흘러 들어가는 것도 아닌데, 회사 차원에서 평소에 주가를 관리할 이유가 있나요?'라는 생각을 하실 수 있어요. 일단, 회사의 운영자도 주식(지분)을 소유한 사람이기 때문에 주가가 하락하면 주식의 평가금액이 쪼그라듭니다. 주가가 하락하면 우리의 계좌 잔고가 파란불을 보이는 것처럼요. 또한, 회사가 유상증자를 통해 추가로 자금을 끌어올 때 주가를 기준으로 하므로 회사 차원에서는 안정적인 주가 흐름을 보이는 것이 좋습니다. 상장, 유상증자와 관련해서는 뒤에서 좀 더 자세하게 알아보도록 하겠습니다.

여기까지 주식시장, 상장 등의 개념에 대해서 알아보았는데요. 이 부분이 어렵고 이해가 안 가도 괜찮습니다. 다음에 주식 투자를 하시다가 '어, 상장이나 증자가 뭐였지?'라는 생각이 드실 때가 있으실 거예요. 그때 다시 책을 펴서 이 부분을 보시면 수월하게 이해가 될 겁니다. 그럼 우리 조금 더 힘내서 다음 챕터로 넘어가 볼까요?

2장 주식, 어떤 게 좋은 거예요?

주식 투자자에게 사업보고서는 매우 유용한 자료입니다. 회사가 여러분께 제출하는 일종의 자기소개서라고 생각하시면 됩니다. 취업을 위한 자기소개서를 쓸 때 아름다운 미래를 담고 본인의 능력을 200% 정도 포장해서 작성을 하죠. 면접관은 모든 지원자가 다 훌륭해 보이지만 결국 회사의 인재상과 맞는 자기소개서를 제출한 후보자를 뽑을 거예요.

주식 투자도 마찬가지입니다. 처음엔 모든 회사가 다 괜찮아 보이겠지만, 옥석을 가려내는 눈을 길러야 해요. 투자자들은 저마다 어떤 회사가 투자하기 좋은 회사인가 판단하는 기준을 갖고 있는데요. 여러분이 본인만의 스타일을 찾아나가실 수 있도록 이번에는 시장에서 통용되는 좋은 회사의 기준에 대해서 말씀드릴게요.

1
게임 캐릭터 하나
키워보실래요?

좋은 주식을 평가하는데는 정말 여러 가지 기준이 있습니다. 삼국지 게임을 할 때 통솔력, 매력, 무력, 정치, 지력, 다섯 가지 덕목을 골고루 갖춘 장수를 고르는 것처럼 회사를 선택할 때도 투자자들이 입을 모아서 말하는 좋은 덕목이 있어요.

성장성!

수익성!

안정성!

배당!

첫 번째 덕목은 성장성입니다. 주식 투자란 회사의 미래 성장 가능성을 보고 베팅하는 성격이 크기 때문에 회사의 성장성을 조사해야 합니다. 두 번째는 수익성입니다. 똑같이 물건을 팔아서 비슷한 매출을 올려도 비용을 적절하게 통제하여 더 큰 순수익을 내는 회사가 좋은 회사일 테니까요. 세 번째는 안정성입니다. 성장성이 돋보여 앞으로 큰 매출을 올릴 것이라 예상되고 비슷한 매출을 올리는 다른 회사와 비교했을 때 효과적으로 비용을 통제하여 순수익을 잘 내는 회사가 있다고 생각해봅시다. 성장성도, 수익성도 돋보이는 회사이죠. 하지만 아무리 성장성과 수익성이 좋아도 회사가 하루아침에 망해버리면 소용이 없죠. 그래서 이 회사가 안정적으로 운영되고 있는지 파악해야 합니다. 마지막으로는 회사가 벌어들인 이익을 투자자인 나와 잘 나누는지, 배당을 확인해야 합니다. 말씀드린 각각의 덕목을 구체적으로 어떤 숫자와 데이터로 파악할 수 있는지 살펴볼게요.

성장성 ───

성장성은 재무제표에서 회사의 매출, 영업이익, 순이익이

전년 대비 꾸준히 증가하는지 확인하면 됩니다. 보통 전년 대비 증가율을 확인합니다. 이 회사의 올해 이익이 지난해보다 늘어나고 있는지 파악하는 것이 좋습니다.

수익성

수익성은 영업이익률과 순이익률을 확인하면 됩니다. 영업이익률은 영업이익을 매출액으로 나눈 값입니다. 매출을 100을 올린 회사가 영업에 들어가는 비용을 제외하고 남은 영업이익이 40이라면 이 회사의 영업이익률은 40%가 되는 것이죠. 이익률 수치는 높을수록 좋습니다. 일반적으로 우리나라 주식시장 종목들의 평균 순이익률은 10% 내외인데 업종마다 평균 수준이 다릅니다.

예를 들어 IT 회사인 삼성전자와 음식료 회사인 CJ제일제당 순이익률은 각각 9%, 1%입니다. 여기서 단순 수치만 보고 삼성전자가 더 낫다! 라고 할 수 없습니다. 업종이 다르면 비즈니스 모델이 달라지기 때문에 정확하게 비교하려면 비슷한 업종에 속한 종목과 비교해야 합니다. 비슷한 음식료 업종 회사 중에서 CJ제일제당의 마진margin이 높은 편이라면 오히려 이 회사는 괜찮다고 평가받아야 할 거예요.

다만, 업종 상관없이 영업이익률, 순이익률 데이터가 30% 이상 나오는 회사는 업종 상관없이 수익성이 뛰어난 회사라고 생각해도 됩니다. 보통 이렇게 순이익을 잘 뽑는 회사는 독과점 시장에서 영업하는 경우가 많습니다.

안정성

보통 투자자들은 성장성과 수익성을 확인할 수 있는 지표만 확인하는 경우가 많습니다. 하지만 안정성은 투자에 있어 무엇보다 중요한 기준입니다. 안정성이라는 덕목을 갖추었는지는 부채 비율을 통해 확인할 수 있어요. 재무제표의 대차대조표는 자산, 부채 그리고 자본으로 구성이 됩니다. 자산은 이 회사가 영업하기 위해 꾸린 준비물이고, 부채는 이 자산을 꾸리기 위해 남에게 빌린 돈, 내 돈을 납입한 부분이 자본인데요. 부채 비율은 자본 대비 부채의 비율을 의미합니다.

예를 들면, 자산 200을 꾸리는데 남의 돈 100을 끌어오고 내 돈 100을 납입한 회사가 있다면 이 회사의 부채 비율은 100%가 됩니다. 일반적으로 건실한 기업은 부채 비율을 200% 이하로 유지해요. 부채 비율이 높을수록 부실 가능성이 큰 회사라고 생각할 수 있죠. 부채 비율이 높다는 것은 회사를 운영하는 데 남의 돈을 과도하게 끌어와서 영업하고 있다는 의미니까요. 사실 빚을 내서 영업해도 되지만, 항상 과도할 때 문제가 되는 거죠. 업종, 종목마다 세부적인 특성이 다르지만, 부채 비율이 300%가 넘어간다면 신중하게 투자할 필요가 있는 종목이라고 생각해요.

위에서 살펴본 순이익률, 이익 증가율, 부채 비율 등의 데이터들은 업종마다 평균적인 수준이 다릅니다. 예를 들어, 반도체를 만드는 SK하이닉스의 지표와 배를 만드는 대우조선해양의 지표를 직접적으로 비교하는 것보다, SK하이닉스와 삼성전자를, 대우조선해양과 삼성중공업 혹은 현대중공업 같은 회사를 비교하는 것이 맞겠죠.

2
한 번의 기회만
주어진다면?

앞에서 우리 '좋은' 회사가 갖추어야 할 덕목들에 관해서 얘기를 해봤는데요. 확인해야 하는 지표들도 많고, 어떤 덕목이 더 중요한지 판단하기 어렵죠. 만약 누군가 저한테 수많은 데이터 중 하나의 항목만 확인할 수 있다면 뭘 볼까요? 라고 물어본다면 저는 'ROE^Return On Equity'라는 지표를 확인할 것 같아요. 이번 챕터에서는 주식 투자자 관점에서 가장 중요한 데이터 중 하나인 ROE를 조목조목 뜯어보겠습니다.

ROE란?

ROE는 순이익을 자본으로 나눈 값입니다. 순이익은 손익계산서에서, 자본은 재무상태표에서 확인할 수 있는 데이터예요. 앞서 재무제표를 설명해 드릴 때 자본은 회사를 운영하기 위해 주주가 내놓은 내 돈이고 순이익은 비용들을 제하고 회사의 주주 몫으로 남은 이익이라고 말씀드렸어요. 회사에 투자한 주주 입장에서 투자 수익률은 회사 운영을 위해 내놓은 투자금(자본) 대비 이 회사가 얼마나 순이익을 벌어들이고 있는지 그 비율이 됩니다. 이게 바로 ROE(자기자본수익률)입니다.

ROE는 값이 클수록 좋고, 기업이 속한 업종마다 평균 레벨이 달라서 앞서 말씀드렸던 다른 지표들과 마찬가지로 비슷한 사업을 하는 종목들끼리 비교를 해야 합니다. "삼성전자의 2019년 기준 ROE가 8.7%입니다"라는 말은 삼성전자는 자본의 8.7%에 달하는 금액을 매년 순이익으로 벌어들이고 있다는 겁니다. 같은 자본을 가지고도 순이익을 더 잘 뽑아내는 회사가 더 괜찮은 회사겠죠.

ROE = 무려 1+1+1!

    이 ROE를 중요한 데이터로 보는 이유는 값 자체만으로도 의미가 있지만, 3개의 서로 다른 지표로 이 수치를 쪼개 볼 수 있기 때문입니다. 이를 듀퐁 분석이라고 하는데요. 아래 도식처럼 ROE를 순이익률, 자산회전율, 재무레버리지 3개의 값으로 쪼개볼 수 있습니다.

듀퐁 분석

$$ROE = \frac{순이익}{자본} = \frac{순이익}{매출} \times \frac{매출}{자산} \times \frac{자산}{자본}$$

순이익률   자산회전율   재무 레버리지

순이익률	매출액 대비 순이익: 기업 영업 시 원가 통제 효율성, 수익성
자산회전율	자산(=영업기반) 대비 매출액: 자산 이용의 효율성
재무 레버리지	자본 대비 자산: 자본 조달의 안정성/효율성

[ROE 도식]

회사의 수익성을 나타내는 순이익률은 순이익을 매출로 나눈 값입니다. 자산회전율과 재무레버리지는 좀 생소하실 것 같은데요. 자산회전율은 매출을 자산으로 나눈 값입니다. 앞서, 자산은 회사가 영업하기 위해 꾸린 준비물 같은 개념이라고 말씀드렸습니다. 같은 준비물을 가지고도 아웃풋인 매출을 잘 내는 회사가 있다면 그렇지 않은 회사와 비교해 자산 이용을 효율적으로 한다고 평가할 수 있을 거예요. 자산회전율은 높을수록 좋은 지표입니다.

마지막 재무 레버리지는 '빚을 얼마나 잘 활용하는가'를 나타내는 데이터인데요. 자산(부채+자본)을 자본으로 나눈 수치입니다. 사람으로 비유하면 비싼 집을 사거나, 사업을 할 때 한도가 낮은 은행 대출만 받는 사람과 금수저여서 가족을 비롯한 여러 곳으로부터 자금을 끌어올 수 있는 사람은 출발선이 다를 거예요. 지금이 필요할 때 적절하게 빚을 잘 당겨오는 것도 중요한 능력입니다. 앞서 설명해 드린 순이익률, 자산회전율과 비교하면 회사의 본업과 큰 관련이 없지만, 중요한 데이터이니 같이 확인해주시면 좋을 것 같습니다.

실전 분석: 왜 ROE가 높아졌나?!

이번에는 실제 종목 데이터를 들고 와서 ROE, 듀퐁 분석을 해볼까요? 아래 종목은 2014년 ROE가 5.9%에서 2018년 33.5%까지 급등했습니다. 회사의 펀더멘탈을 함축적으로 담고 있는 ROE가 높아졌다는 것만으로도 주가는 긍정적인 흐름을 보입니다. 주가는 2015년 만원 후반대에서 ROE가 정점을 찍은 2017년 말 7만 원대까지 상승했습니다.

	2014	2015	2016	2017	2018
ROE	5.9	14.9	21.9	29.7	33.5
순이익율	10.4	21.3	25.4	29.6	32.4
자산회전율	0.52	0.64	0.76	0.87	0.90
재무 레버리지	1.09	1.10	1.13	1.15	1.15

[ROE 예시]

이때 우리는 좀 더 세밀하게 듀퐁 분석을 적용해 볼 수 있습니다. ROE가 상승했는데 그게 왜 가능했는지 이유를 분석해 볼 수 있는 거죠. 위 종목은 14~17년 사이에 순이익률이 10%에서 30%까지 상승했고, 자산회전율도 크게 늘었습니다. 두 지표는 회사의 본업, 영업력과 관련된 값입니다. ROE가 높아지는 건 큰 호재여서 주가가 긍정적으로 움직입니다. 여기에, ROE가 개선된 이유가 재무 레버리지 상승일 때보다 본업과 관련된 순이익률, 자산회전율 상승일 때 주가가 더 우호적으로 반응하는 편입니다.

3
주식 투자의 꽃,
배당

배당은 투자하기 좋은 회사가 갖추어야 할 네 가지 덕목 중 네 번째 덕목입니다. 배당이란 용어는 좀 생소하지만 어려운 개념이 아니에요. 간단하게 말하면, 우리 회사에 투자해줘서 감사하다는 의미로 1년 동안 회사가 번 돈을 재료로 주주들에게 현금을 지급하는 것을 뜻하죠.

연말에 1년 동안 이 회사가 벌어들인 돈이 얼마인지 발표하는 것을 연간 결산이라고 하는데요. 보통 우리나라 회사들은 12월 말에 결산하는 경우가 많습니다. 12월 말에 1년 동안의 영업이 끝나고 어떤 회사가 순이익으로 1,000억 원을 벌었다면 이 중에서 얼마를 우리 회사 주식에 투자해 준 주주들에게 나누어 주겠다는 배당 결정을 이듬해에 하게 됩니다. 이 결정에 따라서 정해진 금액은 주주의 계좌에 보통 4~5월쯤 들어오게 됩니다.

배당 기준일을 확인해야 하는 이유 ____

만약 배당에 관심 있는 투자자가 1월 3일에 고배당주를 매수했다고 가정해 볼게요. 이 종목을 계속 들고 있다가 11월 말에 급히 돈이 필요해서 이 종목을 팔았다면 연말 배당을 받을 수 없습니다. 얼마나 오래 이 종목을 보유하고 있었는지는 중요하지 않아요. 배당 기준일이라는 특정 시점에 이 종목을 보유하고 있는 주주에게만 배당을 주기 때문이죠. 즉 배당을 받고 싶다면 꼭 배당 기준일을 확인하고 매수하는 것이 중요합니다.

보통 우리나라 주식 종목은 12월 결산을 많이 하므로 연말 배당을 받고 싶다면 연말 배당 기준일을 알아보고, 그날에 종목을 보유하고 있어야 하는데요. 12월 31일에는 거래소가 열리지 않습니다. 따라서 배당 기준일, 즉 거래소가 열리는 마지막 영업일로부터 2영업일 전에 이 종목을 보유하고 있어야 배당을 받을 수 있어요. 이 날짜가 헷갈리시는 분들은 네이버에 '2020년 연말 배당 기준일' 등을 키워드로 검색하시면 쉽게 확인하실 수 있어요.

기업 대부분이 12월에 연말 배당을 하지만, 삼성전자, 현대차 같은 종목은 분기, 반기 배당도 해서 3, 6, 9월에도 배당합니다. 만약 3월 기준 배당을 받고 싶다면 3월 배당 기준일을 찾아서 그날 종목을 보유하고 있어야 하는데 마찬가지로 해당 월의 마지막 영업일로부터 2영업일 전이 기준일입니다.

주당 배당금과 배당수익률, 높을수록 무조건 좋은 걸까?

배당을 위해 특정 종목을 매수했다고 가정했을 때, 받을 수 있는 배당금은 얼마일까요? 먼저 주당 배당금DPS·Dividends Per Share이라는 개념을 알아야 해요. 배당은 가진 주식의 개수에 비례해 받을 수 있는데, 이때 주식 한 개에 주어지는 배당금을 주당 배당금이라고 합니다. A라는 종목을 10,000원을 주고 10개, 100,000원어치를 샀을 때, 이 종목의 주당 배당금이 500원이라면 배당수익률은 5%가 되는 것이죠. 일반적으로 '고배당주'라고 부르는 종목은 배당수익률이 높은 종목을 말합니다. 우리나라 주식시장에서 고배당주의 배당수익률은 대략 4~5% 정도이고, 평균 배당수익률은 2% 내외입니다. 글로벌 주식시장과 비교했을 때 낮은 편이죠.

저가에 사서 고가에 파는 시세 차익을 노리는 것보다 고배당주만 골라서 장기적으로 묻어두어야겠다고 생각한다면 네이버 금융을 통해 배당수익률 순서로 우리나라 종목들을 정리한 데이터를 확인해 보는 것이 좋습니다. 처음 이 데이터를 확인하면 아마 굉장히 놀라울 거예요. 배당으로 10%가 넘는 수익률을 준다고 하니까요. 하지만 이 데이터를 조금 주의해서 볼 필요가 있습니다.

고배당주는 과거 배당금 추이를 살펴라　　___

연말에 배당을 받기 위해 배당주를 매수한다고 가정해 볼까요? 매수하는 순간에는 받을 배당금이 얼마인지 확정되어 있지 않습니다. 구체적인 금액은 다음 해 3월에 결정되기 때문에 매수할 때는 배당을 얼마 주는지 모르는 채로 매수하는 것이죠. 그럼 이 페이지의 배당수익률은 어떻게 계산된 걸까요?

보통 회사들은 작년의 배당을 유지하거나 높이는 경향이 있어요. 이를 배당의 하방 경직성이라고 하는데요. 네이버 금융에서 확인할 수 있는 배당수익률은 보통 직전 배당 수준과 비슷할 것이라는 가정하에 계산됩니다. 따라서 이 화면상의 종목을 볼 때는 배당수익률 10%를 넘어가는 종목들의 과거 3년간 배당금 추이를 같이 보는 것이 좋아요. 배당수익률이 비정상적으로 높은 종목 중에서 원래는 0원씩 배당을 하다가 갑자기 작년에만 높은 배당을 해서 배당수익률이 이상하게 높아진 경우가 있을 수 있기 때문이에요.

NAVER 금융	종목명·지수명·펀드명·환율명·원자재명 입력					통합검색				로그인

금융 홈　국내증시　해외증시　시장지표　펀드　리서치　뉴스　MY

국내증시　　금융홈 > 국내증시 > 배당

주요시세정보	**배당**									
코스피 코스닥 선물 코스피200 코넥스	전체　코스피　코스닥									

									과거 3년 배당금	
종목명	현재가	기준월	배당금	수익률 (%)	배당성향 (%)	ROE (%)	PER (배)	PBR (배)	1년전	3년전
베트남개발1	238	20.02	90	37.64	-	-	-	-	4	199
동양고속	26,200	19.12	4,700	17.94	38.41	26.85	2.41	0.55	1,000	635
두산우	41,150	19.12	5,250	12.76	23.78	23.52	3.86	0.80	5,250	5,150
대동전자	4,370	20.03	500	11.44	97.78	3.26	7.36	0.19	0	0
웅진씽크빅	2,730	19.12	310	11.37	-29.05	-35.62	-2.38	0.83	0	122

[네이버 금융 > 국내증시 > 배당 페이지]

작년에 높은 배당수익률로 배당을 주었지만, 원래는 0원 씩 배당하던 회사였다면 의문을 가져야 해요. 따라서 배당 수익률이 상대적으로 낮은 종목이더라도 최근 3년 동안 배당을 꾸준히 주거나 배당금을 늘려온 종목에 투자하는 것이 좀 더 안전하게 고배당주에 투자하는 방법입니다.

실전 투자로 고배당주를 고르실 때는 위의 화면처럼 네이버 금융〉국내 증시〉배당탭에서 리스트를 확인해 주세요. 주의해야 할 점은 비정상적으로 높은 배당수익률에 혹하면 안 되고 배당수익률, 최근 3년 주당 배당금을 확인해서 최근 3년 동안 꾸준히 배당을 주고 있는 회사, 그 중에서도 거래 대금이나 시가총액이 어느 정도 규모가 있는 회사들에 접근하는 것이 좋습니다.

4
명품 가방은 비싸다,
밸류에이션

앞서 투자하기 좋은 주식인지 판단하기 위해 따져보아야 할 조건, 즉 성장성, 수익성, 안정성 그리고 배당에 관해 이야기해보았는데요. 마지막으로 살펴볼 것은 밸류에이션입니다.

비싼 주식? 싼 주식? 핵심은 내재가치

가방을 산다고 가정해 보겠습니다. 명품 업체 C사의 가방과 유명하지 않은 브랜드의 에코백 두 종류가 있습니다. 일단 가격을 확인해야겠죠. 명품 업체 C사의 가방이 200만 원, 에코백은 10만 원에 팔고 있다면? 가격만 따졌을 때 200만 원보다 10만 원이 훨씬 싸니까 에코백을 선택할 수도 있겠죠.

하지만 물건을 살 때 가격만 보고 그 상품의 가치를 판단할 수는 없습니다. 이 가방의 내재가치, 즉 '그만큼의 값어치를 하는 물건'인지를 따져보아야 하죠. 이때 브랜드, 소재, 디자인 등이 이 가방의 내재가치(=펀더멘탈)가 됩니다. 가방이 지닌 내재가치와 비교하면 200만 원과 10만 원이라는 가격은 전혀 다른 의미가 됩니다. 200만 원짜리 명품 가방이 오히려 엄청 싸다고 판단할 수도 있고, 에코백이 10만 원이나 하다니 비싸다고 생각할 수도 있죠. 밸류에이션을 고려하는 소비자는 가격만 보고 싼 에코백을 선택하는 것이 아니라 C사의 가방을 사게 되는 겁니다.

주식도 마찬가지예요. 한 주당 거래되는 가격과 그 가격의 움직임으로 그려진 차트만 보고 매매할 수도 있지만, 회사의 내재가치를 통해 그 회사 주식의 현재 가격이 적당한지 판단할 수 있습니다. 여기서 회사의 내재가치는 매년 영업을 통해서 얼마나 돈을 잘 벌고 있는지, 앞으로 얼마나 성장을 할 수 있고, 같은 시장에서 얼마나 핵심적인 플레이어인지 등을 고려하여 판단할 수 있어요.

밸류에이션 지표 활용하기 ____

이때 밸류에이션 지표를 활용합니다. 주가수익비율PER, Price Earning Ratio, 주가순자산비율PBR, Price Book-value Ratio, 기업의 시장가치EV, Enterprise Value를 세전영업이익EBITDA, Earnings Before Interest/Tax/Depreciation and Amortization으로 나눈 EV/EBIDTA 같은 지표들은 이름은 다르지만, 수식을 보면, 구성 자체가 똑같아요.

1. PER 해석하기? 참 쉽죠!

분자에는 회사의 시장가치를 의미하는 데이터가 들어가는데요. 시장가치란 한 회사가 시장에서 얼마에 거래가 되는지를 나타내는 지표입니다. 대표적으로 주가, 시가총액이 있죠. 분모에는 이 회사의 내재가치가 들어갑니다. 여기서 내재가치는 순이익이 될 수도 있고, 자본이 될 수도 있어요.

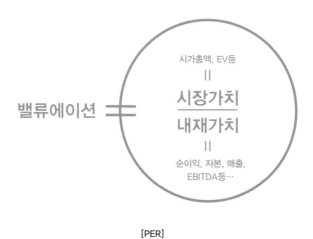

시가총액, EV등
||
시장가치
―――――――
내재가치
||
순이익, 자본, 매출,
EBITDA등…

밸류에이션 =

[PER]

PER은 시가총액을 순이익으로 나누고, PBR은 시가총액을 자본으로 나누어 계산합니다. PER은 '배'라는 단위를 사용하는데요. "삼성전자의 PER은 7배이다"라고 표현하죠. PER과 PBR이 낮을수록 저평가된 저렴한 종목이라고 해석합니다. 시장에서 거래되는 것에 비교하여 내재가치가 높으면 PER과 PBR이 낮아지게 되겠죠.

PER을 볼 때는 꼭 기억해야 할 점이 있어요. 순이익이 적자를 기록하는 종목은 PER로 밸류에이션 평가가 불가능 하다는 겁니다. 값이 낮을수록 저평가된 종목이라는 뜻인데, 적자 종목은 PER이 음수이므로 항상 가장 저평가되어 있다는 이상한 결론이 납니다. 일반적으로 사업 초기에 폭발적인 성장을 보이는 종목들이나 바이오 회사들은 적자를 기록하는 경우가 많은데요. 이런 경우에는 PBR이나 시가총액을 매출액으로 나눈 PSR을 기준으로 밸류에이션을 평가합니다.

관심 종목의 PER과 PBR 비교하기 ____

다른 지표들과 마찬가지로 관심 종목의 PER과 PBR을 비교할 때는 같은 업종 내에서 비교해야 합니다. 예를 들어, 삼성전자의 PER이 7배라는 말을 들으면 이게 낮은 건지 높은 건지 감이 잘 안 오는데요. IT, 반도체, 혹은 핸드폰 제조사 종목의 PER과 비교하면 알 수 있습니다. 삼성전자의 PER을 현대차나 현대중공업, SK텔레콤처럼 다른 업종 종목과 비교하면 안 됩니다. 업종마다 기본으로 PER과 PBR의 레벨이 다르기 때문이죠.

또한, 밸류에이션 지표 중 딱 한 가지만 보고 매수나 매도 결정을 하는 것보다는 이 회사의 성장성, 수익성, 안정성, 배당을 판단할 수 있는 데이터들을 종합적으로 고려해야 해요. 예를 들어, 우리나라 종목의 평균 PER은 약 10배인데요.

신한지주 같은 경우는 PER이 4배 정도거든요. 이때 오로지 PER만 보고 너무 싸다고 매수할 수도 있을 텐데요. 밸류에 이션 지표가 굉장히 중요한 지표인 것은 맞지만 어떤 종목 에 대해 분석할 때는 한 지표만 보지 말고 여러 덕목을 고루 갖추고 있는 종목인지를 판단을 하는 것이 중요합니다.

5
주식은
꿈을 먹고 자란다

앞에서 좋은 주식이 갖춰야 할 여러 덕목을 말씀드렸는데요. 시장을 관찰하다 보면 여러 덕목 중에서 투자자들이 열광하는 '특성'이 정해져 있는 것 같습니다. 흔히 주식은 꿈과 희망을 먹고 산다고 하죠. 주식 투자자들은 안정적이고 꾸준히 돈을 잘 버는 회사보다도 미래 성장 가능성이 돋보이는 회사와 사랑에 빠지곤 합니다. 주식 투자를 한다는 건, 그 회사와 미래를 함께하는 동업자가 된다는 뜻이기 때문에 앞으로 얼마나 성장할 수 있는지가 무엇보다 중요하기 때문입니다. 이번에는 회사가 얘기하는 미래 성장 가능성,

이 꿈을 수치화해서 보여주는 컨센서스에 대해서 얘기해 볼 게요.

컨센서스

2020년 상반기 가장 화젯거리였던 주식이 뭘까요? 의견이 갈리겠지만, 저는 테슬라를 꼽고 싶어요. 풍부한 유동성이 코로나 이후 언택트, 전기차 등 '꿈과 희망'을 먹고 사는 주식에 몰렸었죠. 테슬라 주가는 한때 1,700달러 선을 돌파하며 도요타(글로벌 자동차 회사 중 시가총액 1위)의 규모를 넘어섰습니다. 심지어 대표인 일론 머스크가 "테슬라는 너무 비싸다 x_x"라는 트윗을 날리기도 했어요(테슬라 가격은 액면 분할 전 기준입니다.)

테슬라의 골수팬은 향후 전기차가 보급되며 테슬라가 기존 내연 기관차 회사들을 대체하고 엄청난 이익 성장을 보일 것이라는 꿈에 베팅합니다. 반대로 안티는 그러한 꿈과 희망이 현실화할 수 있는지에 대해 의문이 있는 거고요. 자식의 미래에 대해 이견을 가진 부모님의 마음이 이와 같지 않을까요? '우리 애는 어렸을 때부터 남달리 총명했어요. 조금만 믿고 기다려주면 서울대도 갈 수 있을 거예요!' 하는 마음으로 학원을 보내자는 어머니와 '지금까지 지켜봤을 때 애는 공부할 머리가 아니야. 이 정도면 됐어'라며 학원 등 사교육 투자를 줄이자는 아버지의 의견 차이가 생기는 거죠.

사람(자식)이나 기업이 가진 미래의 꿈과 희망을 객관적인 숫자로 측정하는 것은 참 어렵습니다. 여기서, 자식의 미래에 대한 의견이 갈릴 때 30년 경력의 입시 전문가가 나타나 이 친구가 "서울대에 갈 수 있을 확률이 70%입니다"라고 말해준다면, 의사결정에 조금 더 도움이 되지 않을까요? 애널리스트는 이 입시 전문가처럼 기업이 제시하는 꿈과 희망에 대해, 객관적으로 분석해서 투자 의사 결정에 도움이 되도록 투자의견, 목표주가, 컨센서스 등의 수치를 제공합니다.

컨센서스는 미래 재무제표에 대한 애널리스트들의 예상치를 평균한 값이에요. 즉, 테슬라의 2022년 매출 컨센서스는 시장 성장률, 규모, 신모델 출시 등 매출에 영향을 줄 요소들을 고려해 계산한 미래 테슬라 이익에 대한 기댓값입니다.

애널리스트 보고서를 통해서 파악할 수 있는 투자의견 (매수/중립/매도), 목표주가에 대해서는 사실 비판적인 시각이 많습니다. 국내의 경우 종목 대부분에 대해서 긍정적인 매수 의견을 제시하고 있고, 목표주가도 현재 주가 대비 높은 수준에 형성되어 있기 때문이죠. 이러한 이유로 애널리스트 보고서를 신뢰하지 않을 수도 있지만, 주식 투자자로서 최대한 많은 정보를 활용하는 것이 좋잖아요! 여러분이 이 내용을 잘 활용하실 수 있도록 컨센서스를 보는 몇 가지 팁을 알려드릴게요.

1. 발표된 실적이 컨센서스에 부합하는가?

컨센서스는 '이 회사가 이만큼 돈을 벌 것이다'라고 예상한 수치이니, 분기(3개월)마다 실제 이 회사의 이익이 발표될 때, 컨센서스 정도의 이익이 나오고 있는지를 확인해야 해요. 실제 발표된 실적이 기대치인 컨센서스를 넘으면 '어닝 서프라이즈'라고, 컨센서스를 밑돌면 '어닝 쇼크'라고 부릅니다.

주가 흐름은 어떨까요? 기대보다 돈을 잘 번 어닝 서프라이즈는 주가 상승, 어닝 쇼크에는 주가가 하락해야 할 것 같죠. 일반적으로는 맞는 얘기지만, 그렇지 않을 수도 있어요.

어닝 쇼크가 발생했는데도 주가가 급등하는 사례도 발생합니다. 주가는 미래에 대한 기대감을 반영해 움직이기 때문에, 이번 실적은 쇼크가 나왔지만, 이제 바닥을 다지고 올라가는 흐름이 예상된다면 주가는 상승할 수 있겠죠.

2. 컨센서스가 점점 올라가고 있는가?

제가 원고를 작성하는 현재(2020년 7월) 기준으로 시장에서 예상하는 2022년 테슬라의 매출액 컨센서스는 486억 달러입니다. 이 컨센서스 값은 2022년이 되기 전까지 계속해서 변할 거에요. 지금은 486억 달러로 예상하지만, 중간에 테슬라의 공장에 문제가 생겨서 생산이 중단될 수도 있고, 거꾸로 신모델을 출시했는데 생각보다 보급률이 훨씬 빠를 수 있어요. 이렇게 새로운 이벤트를 반영해서 애널리스트들은 예상치를 계속해서 수정합니다.

즉, A기업의 2021년 매출액 컨센서스가 점점 올라오고 있다는 말은 최근에 해당 회사의 실적에 긍정적인 영향을 주는 호재들이 발생했다는 뜻이에요. 예를 들면, 원래는 내년에 이 회사가 1,000억 원가량의 매출액을 올릴 것으로 예상했는데 신제품의 출시 일정이 잡혔고, 이 효과를 반영하면 내년에 1,500억 원 정도를 벌 것 같아! 라고 애널리스트가 컨센서스를 높이게 되는 거죠.

보통 우리가 확인하는 재무제표는 기업이 실제로 벌어들인 이익이나 보유한 자산을 기록합니다. 과거의 수치죠. 과거 데이터도 중요하지만, 주식 투자자는 미래의 꿈과 희망을 먹고 살기 때문에, 앞으로 이 회사의 재무제표 데이터들이 어떻게 좋아질 것인가? 를 보는 것이 중요해요. 개인 투자자가 이 재무제표 값들을 일일이 예측하기 어려우니 애널리스트들이 기업 탐방을 다니고 분석을 통해서 대신 제시한다고 생각하시면 됩니다. 이 컨센서스가 점점 올라가고 있다는 말은 이 회사의 미래에 대한 긍정적인 의견이 많아지는 것으로 생각하시면 될 것 같아요.

3. 실제 데이터 확인하기(국내)

컨센서스 데이터는 네이버 금융에서 궁금한 종목명으로 검색한 후, 종목분석>컨센서스 탭에서 확인할 수 있어요. 예상치인 컨센서스 데이터는 노란색으로 음영 처리되어 있어요. 아래쪽의 컨센서스 추이 항목을 보시면 위에서 말씀드린 '컨센서스가 점점 올라가고 있는가?'라는 부분을 확인할 수 있습니다. 이 컨센서스 데이터는 규모가 작은 종목은 존재하지 않습니다.

재무연월	매출액 (억원)	YoY (%)	영업이익 (억원)	당기순이익 (억원)	EPS (원)	BPS (원)	PER (배)	PBR (배)	ROE (%)	EV/EBITDA (배)	주재무제표
2016.12(A)	2,018,667.4	0.60	292,406.7	224,156.6	2,735	26,636	13.18	1.35	12.48	4.20	IFRS연결
2017.12(A)	2,395,753.8	18.68	536,450.4	413,445.7	5,421	30,427	9.40	1.67	21.01	4.00	IFRS연결
2018.12(A)	2,437,714.2	1.75	588,866.7	438,908.8	6,024	35,342	6.42	1.10	19.63	2.00	IFRS연결
2019.12(A)	2,304,008.8	-5.48	277,685.1	215,050.5	3,166	37,528	17.63	1.49	8.69	4.88	IFRS연결
2020.12(E)	2,330,954.2	1.17	325,282.6	246,388.2	3,627	39,934	15.55	1.41	9.36	4.45	IFRS연결
2021.12(E)	2,583,122.1	10.82	436,685.8	331,464.2	4,880	43,252	11.56	1.30	11.73	3.53	IFRS연결
2022.12(E)	2,787,989.4	7.93	475,602.1	363,133.4	5,346	47,125	10.55	1.20	11.83	3.09	IFRS연결

[컨센서스]

* (A)는 실적, (E)는 컨센서스

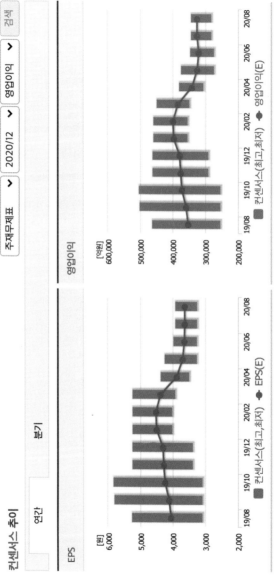

[컨센서스 추이]

4. 실제 데이터 확인하기(미국)

미국 개별 종목의 컨센서스 데이터도 확인할 수 있는데요. 야후 파이낸스, 스톡 로우(http://stockrow.com)와 같은 사이트를 참고하시면 됩니다. 아래는 stockrow.com에서 테슬라에 대한 개별 종목 페이지를 캡쳐해 온 것인데요. 2021, 2022년 계정에도 값이 들어가 있습니다. 해당 데이터들은 미국 애널리스트들의 컨센서스이니 마찬가지로 이 데이터를 확인해서 투자에 활용해 주시면 좋을 것 같습니다.

2018	2019	2020	2021	2022	
21,461.00	24,578.00	26,950.00	38,157.00	48,623.00	Revenue
18.83%	16.56%	–	–	–	Gross Ma
(1,005.00)	(665.00)	98.40	2,086.00	3,914.00	EBT
(4.68%)	(2.71%)	0.37%	5.47%	8.05%	EBT Mar
(1,063.00)	(775.00)	99.20	1,655.00	3,136.00	Net Inco

[미국 컨센서스 확인]

6
정보 확인은
네이버 금융

　회사의 가계부인 재무제표는 주식 투자자라면 꼭 알고 있어야 중요한 데이터입니다. 관심 종목의 재무제표 역시 네이버 금융에서 검색해 볼 수 있어요. 삼성전자 재무제표를 한 번 확인해 볼까요?

　먼저 네이버 금융에서 삼성전자로 검색한 후, 종목분석〉기업현황 탭을 보면 재무제표를 확인할 수 있습니다. 삼성전자 주식을 소유하고 있는 주주 리스트는 물론, 기업 개요에서는 삼성전자가 어떤 아이템을 가지고 영업을 하고 있는

지도 확인할 수 있습니다. 여기 있는 내용은 사업보고서에 나오는 사업의 내용을 요약해 놓은 것이에요. 더 구체적인 내용은 앞서 언급한 다트, 즉 금융감독원 전자공시시스템 dart.fss.or.kr에서 확인할 수 있는 사업보고서를 참조하는 것이 좋습니다.

Financial Summary

주재무제표 ▼ | 검색 | IFRS ? | 산식 ?

*단위 : 억원, %, 배, 주 *분기: 순액기준

전체	연간	분기

주요재무정보	연간							
	2015/12 (IFRS연결)	2016/12 (IFRS연결)	2017/12 (IFRS연결)	2018/12 (IFRS연결)	2019/12 (IFRS연결)	2020/12(E) (IFRS연결)	2021/12(E) (IFRS연결)	2022/12(E) (IFRS연결)
매출액	2,006,535	2,018,667	2,395,754	2,437,714	2,304,009	2,339,278	2,597,863	2,809,102
영업이익	264,134	292,407	536,450	588,867	277,685	328,622	436,701	485,916
영업이익(발표기준)	264,134	292,407	536,450	588,867	277,685			
세전계속사업이익	259,610	307,137	561,960	611,600	304,322	345,900	460,945	515,143
당기순이익	190,601	227,261	421,867	443,449	217,389	249,925	333,701	373,175
당기순이익(지배)	186,946	224,157	413,446	438,909	215,051	247,783	330,389	369,544
당기순이익(비지배)	3,655	3,104	8,422	4,540	2,338			
자산총계	2,421,795	2,621,743	3,017,521	3,393,572	3,525,645	3,711,340	3,994,723	4,332,474
부채총계	631,197	692,113	872,607	916,041	896,841	914,588	968,910	1,032,427
자본총계	1,790,598	1,929,630	2,144,914	2,477,532	2,628,804	2,796,752	3,025,813	3,300,047
자본총계(지배)	1,728,768	1,864,243	2,072,134	2,400,690	2,549,155	2,714,494	2,940,699	3,211,567
자본총계(비지배)	61,830	65,387	72,780					
자본금	8,975	8,975	8,975	8,975	8,975	8,979	8,979	8,978
영업활동현금흐름	400,618	473,856	621,620	670,319	453,829	531,092	606,705	672,577
투자활동현금흐름	-271,678	-296,587	-493,852	-522,405	-399,482	-354,551	-438,484	-407,742
재무활동현금흐름	-65,735	-86,695	-125,609	-150,902	-94,845	-103,173	-98,972	-103,029
CAPEX	258,802	241,430	427,922	295,564	253,678	316,189	340,359	319,483
FCF	141,815	232,427	193,698	374,755	200,152	218,912	249,696	364,112
이자발생부채	128,740	152,824	188,140	146,671	184,120			
영업이익률	13.16	14.49	22.39	24.16	12.05	14.05	16.81	17.30
순이익률	9.50	11.26	17.61	18.19	9.44	10.68	12.85	13.28
ROE(%)	11.16	12.48	21.01	19.63	8.69	9.41	11.68	12.01
ROA(%)	8.07	9.01	14.96	13.83	6.28	6.91	8.66	8.96
부채비율	35.25	35.87	40.68	36.97	34.12	32.70	32.02	31.29
자본유보율	21,117.88	22,004.14	24,536.12	27,531.92	28,856.02			
EPS(원)	2,198	2,735	5,421	6,024	3,166	3,648	4,864	5,440
PER(배)	11.47	13.18	9.40	6.42	17.63	16.23	12.17	10.88
BPS(원)	23,715	26,636	30,427	35,342	37,528	39,962	43,292	47,280
PBR(배)	1.06	1.35	1.67	1.09	1.49	1.48	1.37	1.25
현금DPS(원)	420	570	850	1,416	1,416	1,467	1,511	1,536
현금배당수익률	1.67	1.58	1.67	3.66	2.54	2.48	2.55	2.59
현금배당성향(%)	16.42	17.81	14.09	21.92	44.73	35.34	27.31	24.81
발행주식수(보통주)	7,364,966,850	7,033,966,850	6,454,924,700	5,969,782,550	5,969,782,550			

[네이버 금융〉삼성전자 검색화면 https://finance.naver.com/item/coinfo.nhn?code=005930]

회사의 펀더멘털을 나타내는 재무제표 데이터가 파이낸셜 서머리Financial summary에 정리되어 있습니다. 연간 기준으로 데이터를 확인할 수 있어요. 매출액에서부터 순이익까지는 손익계산서 부분입니다. 회사가 얼마를 벌어서 비용으로 쓰고 이익을 얼마나 남겼는지 담겨 있어요. 자산부터 자본금 데이터를 통해서는 이 회사가 벌어들인 돈을 어떻게 운용하는지, 영업을 위한 준비물, 즉 자산은 어떻게 꾸리고 있는지 등이 나옵니다. 대차대조표에서 중요한 항목만 모아 놓은 것이죠.

그 아래는 현금흐름과 관련된 내용입니다. 영업, 투자 그리고 재무 활동 현금흐름과 미래의 이윤을 창출하기 위해 지출된 비용인 CAPEXCapital expenditures와 잉여현금흐름FCF, Free Cash Flow도 같이 확인할 수 있습니다. 영업이익률부터는 위에서 봤던 재무제표에 있는 많은 계정을 통해 이 회사의 수익성, 성장성, 안정성 등을 평가하는 지표들입니다. 영업이익률, ROE, 부채 비율 그리고 PER, PBR과 같은 밸류에이션 데이터도 포함되어 있죠.

7
테마주? 우선주?
다양한 ○○주의 세계!

주식시장에는 왜 그렇게 특이한 용어들이 많은지⋯⋯. 매매를 시작하려다가도 경제 뉴스나 인터넷에서 '우선주가 이랬다저랬다' '아프리카돼지열병 테마주가 강세를 보입니다' 등 모르는 내용을 보면 위축이 됩니다. 이번 챕터에서는 앞에서 다루지 않은 여러 '○○주'들을 하나하나 뜯어보도록 할게요.

셀프 체크 '어디까지 들어봤나요?'

☐우선주 ☐품절주 ☐테마주 ☐실적주

☐성장주 ☐가치주 ☐배당주

우선주 & 품절주

아래는 2020년 여름 시장에서 가장 핫했던 종목 중의 하나인 삼성중공우의 차트입니다. 우리나라 주식시장의 종목들은 하루에 최대 +30%까지 상승할 수 있는데요. 10거래일 연속 +30% 상승하는 상한가를 기록해 역대 최장 기록을 갈아 치웠습니다. 도대체 이 삼성중공우가 뭐길래! 이렇게 강한 주가 흐름을 보일 수 있었을까요?

[삼성중공업우 폭등 예시]

삼성중공우는 삼성중공업의 우선주입니다. 주식 투자를 하면 그 회사와 '동업'을 하며 소유권을 나눠 갖게 된다고 했었는데요. 동업이기 때문에 주주총회에서 회사 경영에 영향을 주는 주요 안건에 대해 투표를 할 권리가 있습니다. 우선주는 이 투표권을 내려놓는 대신 높은 배당을 얻을 수 있는 주식입니다. 주주총회 투표권이 있는 일반 주식을 본주 또는 보통주라고 하고, 우선주는 종류주라고 불러요. 종목명 끝에 '우' '2우B'등이 붙어있습니다.

우선주는 배당수익률이 높다는 특징 외에도 본주와 비교해 주식 수가 적다는 특징이 있어요. 삼성중공업 본주는 6.3억 주(개)가 상장되어 거래할 수 있지만, 삼성중공업 우선주 주식은 약 11만 개에 불과해요. 주식 수가 적으니 거래량도 적어 일반적으로는 본주 대비해서 할인된 가격에 거래되고 시장의 관심도 많이 없죠.

품절주도 마찬가지의 성격을 띱니다. 품절주는 최대 주주 등 장기로 주식을 보유해야 하는 주주들의 비중이 높아서 실제 시장에서 거래되는 유통 주식이 얼마 없는 경우를 말해요. 우선주와 품절주 모두 거래량이 적다는 공통점이 있습니다.

우선주와 품절주는 종종 이상한 가격 급등을 보일 때가

있어요. 주식 수도 적고 거래도 많지 않아, 상대적으로 적은 금액으로도 쉽게 가격을 밀어 올릴 수 있어서 흔히 말하는 작전의 대상이 잘 되는 편이기 때문인데요. 이 메커니즘을 비유적으로 이해해 볼게요. 시장에서 거래 가능한 사과가 100개, 배는 10개가 있는 상황입니다. 돈이 무척 많은 사람이 과일을 모두 사들여서 비싼 가격에 이를 되판다면 사과보다는 배를 작전의 대상으로 삼는 게 편할 거예요. 10개만 사들이면 되니까요. 사과를 작전 대상으로 고르면 사과 100개를 사모아야 하니 필요한 금액이 훨씬 커지게 됩니다.

일반적으로 우선주, 품절주라는 이유만으로 주가가 폭등하는 기현상이 나타나지는 않고요. 종목에 좋은 뉴스가 있다든가 시장에 돈이 풍부하다든가 하는 여러 조건이 필요해요. 삼성중공우의 사례를 보면, 0%대 금리로 시장에 자금이 풍부해졌고, 삼성중공업이라는 회사 자체에 호재도 있었습니다. 2020년 6월 2일 국내 조선 3사의 LNG선 발주 뉴스가 있었어요. 수요-공급의 원리에 따라 해당 종목을 사고 싶은 사람은 많은데 거래되는 물량이 많이 없다면 가격은 계속해서 상승하죠.

그런데 항상 이렇게 좋은 그림만 그리지는 않아요. 주식을 많이 들고 있는 큰손 투자자가 파는 경우 주가는 직격탄을 맞을 수 있습니다. 위의 사과, 배 사례로 돌아가서 생각해보면요. 총 10개 정도 거래되는 배를 8개 들고나와서 처분하려고 해도 원래 배를 사는 사람이 많이 없으니 소비자의 지갑을 열기가 쉽지 않아요. 사주는 사람이 없으니까 가격은 계속해서 낮아지고 결국 헐값에 팔아넘겨야겠죠. 그런데 원래 100개씩 거래되는 사과라면 얘기가 달라져요. 거래가 많다는 건 사고파는 사람이 많다는 뜻입니다. 시세보다 적당히 저렴한 가격이라면 사과를 사려고 했던 사람들이 느끼기에 충분히 매력적일 겁니다. 우선주와 품절주는 사과가 아닌 배처럼, 거래하는 시장이 매우 작으므로 가격이 쉽게 들쑥날쑥 움직인다는 점을 꼭 기억해 주세요.

테마주 vs 실적주 ___

다음으로는 테마주에 관해서 얘기해 볼게요. 일반적으로 테마주는 챕터 1-3에서 말씀드린 업종으로 구분되지 않는 떠오르는 핫한 토픽, 테마와 관련 있는 주식들을 말해요. 코로나로 수혜가 기대되는 손소독제, 마스크 제조업체는 전통적인 업종 분류로 묶기는 어려우므로 마스크 테마주, 코로나 테마주 등으로 불리게 됩니다.

테마주도 다 똑같은 테마주가 아닙니다. 저는 테마주와 실적주를 구분해서 봐야 한다고 생각하는데요. 둘을 구분히는 가장 큰 기준은 "그래서 실제로 돈을 벌 수 있어?"라는 질문이에요. 해당 테마로 수익 창출이 어렵다면 단순 테마주로, 향후 매출로 이익으로 연결이 될 수 있다면 건실한 실적주로 분류합니다.

대표적인 단순 테마주가 정치 테마주입니다. 국회의원, 대통령 선거철을 앞두고 유력 정치인의 테마주의 주가는 널뛰기를 보이는데요. 해당 종목들은 임원이 해당 정치인과 동향이라는 이유 등으로 정치인 테마주가 됩니다. 사실 이런 종목들은 정치인이 당선된다고 해서 실제로 회사가 돈을 벌 수 있는 것도 아니기 때문에 위에서 말씀드린 건실한 실적주와 완벽한 대척점에 있는 사례에요.

반대로 실적주는 그 테마를 통해 실제로 돈을 벌 수 있는 종목들을 말합니다. 최근에 미국의 전기차 주식인 테슬라 주가가 고공행진을 하면서 전기차 테마에 대한 관심도 높아졌어요. 전기차 같은 경우는 아래처럼 향후 시장 규모를 예측하고 배터리 등 부품 판매에 따라 실적을 얼마나 올릴 수 있을지 그림을 그려볼 수 있습니다.

4차 산업혁명 관련해 자주 등장하는 #인공지능 #빅데이터부터 전통적 테마주인 철도, 시멘트, 비료 등 #대북테마까지 다양한 토픽과 이와 관련해 사업을 하는 종목들이 있습니다. 모두 꿈과 희망을 얘기하는 주식들인데요. 투자하기 전에 현실적으로 각 테마가 구체화하여 해당 회사들이 돈을 벌 수 있을지를 점검하는 과정이 꼭 필요합니다. 아무리 좋아 보이는 분야라도 항상 감당할 수 있는 범위 내에서 투자해주세요.

3장

주식, 그래서
어떻게 사면 되는데요?

지금까지 주식 투자의 개념이 뭔지 확인하고, 좋은 주식을 선별하기 위한 다양한 지표들에 관해서 얘기해봤습니다. 이제 본격적으로 매수를 해볼 텐데요. 증권사 계좌를 개설하고 앱MTS, Mobile Trading System을 설치해주시면 준비 완료입니다! 이번 챕터에서는 가장 기본적인 주문 넣는 방법부터 증권사 앱을 200% 활용하는 방법까지 매매와 관련한 모든 것을 전달해 드릴게요!

1
주식 사러
시장에 가봅시다!

　생애 첫 주식 투자는 명품을 구매하는 것과 비슷하다고 생각합니다. 명품을 살 때 브랜드와 디자인, 트렌드 등을 고려해 살 명품을 정하고 가격을 비교해 가장 저렴한 곳에서 합리적으로 구매하잖아요. 주식 투자도 비슷해요. 투자하려는 회사의 성장성과 투자 수익성, 안정성 등을 고려해 매수할 종목을 정하고 여러 가지 데이터를 이용해 가장 저렴한 시점에 매수하죠.

명품 구입	주식 투자
1. 브랜드, 디자인, 트랜드 등을 고려해 구입할 명품을 정한다.	1. 회사의 싱징성, 수익성, 안정성 등을 고려해 매수할 종목을 정한다.
2. 가격비교를 통해 가장 저렴한 곳에서 구입한다.	2. 여러가지 기술적 데이터를 이용하여 가장 저렴한 시점에 매수한다.

[명품 구입과 주식 투자의 공통점]

　　본격적으로 주식 투자를 해보고 싶다면 증권사 계좌, 즉 CMA 계좌를 개설하는 것이 첫 번째 단계입니다. CMA^{Cash Management Account}는 입출금이 자유롭고 하루만 맡겨도 수익을 받을 수 있다는 장점이 있습니다. 주식이나 ETF 매매를 하지 않아도 기본 계좌로 활용하시면 생활비나 자동이체로 쓰고 남은 금액에 대해 수익을 받을 수 있죠.

본격적인 주식 투자, 시작해볼까요?

이제 본격적으로 주식을 사러 시장에 가볼까요? 기초 중의 기초, 주식시장의 정규 시간과 주식을 사고파는 방법, 가격 그리고 호가창 보는 방법을 알아볼게요.

첫 번째, 주식시장은 몇 시에 열어서 몇 시에 닫을까요? 우리나라 주식시장은 오전 9시에 열고 오후 3시 30분에 닫습니다. 이 시간에 주식을 사고팔 수 있는데요, 이를 정규장 시간이라고 해요. 물론 원하면 이 시간 외에도 주식 거래가 가능합니다. 시간외거래에 관해서는 다음 기회에 다룰게요. 이번엔 정규장 시간에 집중해보도록 해요.

두 번째, 정규장 시간에 MTS에 들어왔어요! 그런데 도대체 어디서 주식을 사는 거죠? 증권사 앱에 들어갔는데 뭔가 너무 많다, 복잡하다 하는 분들을 위해 화면과 함께 차근차근 알려드릴게요.

Step1.
증권사 앱을 실행하고 내가 사고 싶은 종목의 현재가격과 차트를 확인해보세요.

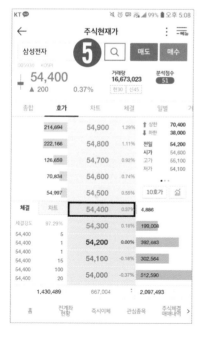

앱 실행〉우측상단 메뉴 클릭〉국내주식〉주식매매〉주식현재가〉돋보기 클릭하여 종목명 검색

Step2.
본격적으로 주문을 넣어볼까요? 매도 화면인지 매수 화면인지 꼭 확인하세요.

메뉴〉국내주식〉주식매매〉주식주문 메뉴를 선택하세요
주식을 사려면 "매수"를 클릭해야겠죠. 혹시 매도 화면에 들어와 있지는 않은지 꼭 확인하세요.

Step3.
주문 유형을 확인하세요. 시장가와 지정가 주문에 대해 알아볼까요?

* 시장가 주문: 나는 지금 당장, 이 가격에 사겠어!

* 지정가 주문: 나는 가격을 지정해서 내가 원하는 지금보다 조금 더 싼 가격에 살 테야. 만일 이 주식의 가격이 내려가지 않는다면 못살 수도 있지만, 내가 원하는 가격에 주문을 걸어두고 기다리겠어.

Step4.
자, 주문을 한 번 넣어볼까요?

* 지정가 주문: 매수/매도 클릭 → 지정가 주문 선택 → 내가 원하는 금액과 주문 수량 입력

* 시장가 주문: 매수/매도 클릭 → 시장가 주문 선택 → 주문 수량만 입력

Step5.
지정가로 주문을 걸었다면 체결내역을 확인하세요.

시장가로 주문을 넣었다면 대부분 주문 체결이 됩니다. 단, 시장가 주문이라도 만약 해당 종목이 상한가라면, 시장가 주문에 체결되지 않을 수 있으니 유의하세요. 하지만 지정가라면 언제 체결될지 알 수 없어요. 9시부터 3시 반까지 주식가격이 움직이다가 내가 원하는 가격까지 내려가면 주문이 체결되고 그렇지 않으면 체결되지 않거든요. 미리 알림을 신청해두면 주문이 체결될 때 알림이 오는데요. 알림을 신청하지 않았거나 놓쳤다면, 호가창의 "체결내역"에서 확인할 수 있답니다.

Step6.
시장가로 주문을 할지, 지정가로 할지 고민되나요? 지정가로 한다면 얼마로 지정해야 할까요? 그래서, 호가창을 읽을 줄 알아야 해요.

우측 화면이 바로 주식현재가 메뉴의 호가창이에요. 중앙에 있는 54,500원이라는 지정가에 팔겠다는 주문이 54,997주가 쌓여 있죠. 그 위의 54,600원이라는 지정가에 팔겠다는 주문이 70,834주 쌓여 있고 위로 계속 팔겠다는 주문이 쌓여 있습니다. 시장가로 10만 주를 매수해 볼까요?

10만 주를 시장가로 매수 주문을 넣으면 우선 54,500원

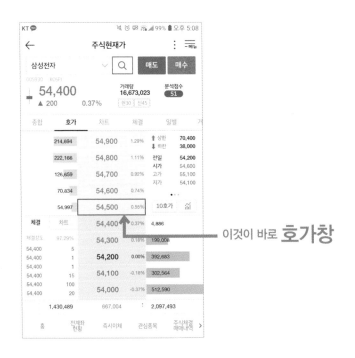

이것이 바로 **호가창**

에 나와 있는 54,997주를 매수하게 되죠. 그리고 남은 수 (100,000-54,997=45,003)는 그 한 칸 위의 54,600원에 사게 됩니다.

반대로 주식을 팔려고 54,800원이라는 지정가에 100주 매도 주문을 내면 어떻게 될까요?

54,800원이라는 지정가 주문을 여러분이 내면, 지금 54,800원에 팔겠다고 먼저 쌓여 있는 주문 47만 개가 다 팔

리고 나서 여러분의 주문이 체결될 차례가 오는 겁니다.

정리해보면,

① 주식을 매매할 때는 몇 가지 가격 방식이 있다.

② 시장가는 현재 가격으로 주문이 이루어지고 체결이 바로 된다. (상한가가 아니라면)

③ 지정가는 원하는 가격으로 주문을 내고 기다린다. 체결이 안 될 수도 있다.

④ 주식 거래는 9시부터 3시 30분 사이 가능

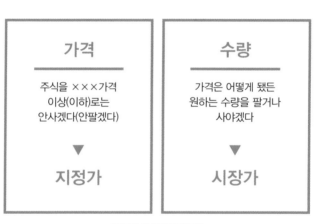

[무엇이 더 중요하세요?]

[심화학습] 주식 거래 가격에 대해 더 알아볼까요?

① 조건부 지정가: 지정가로 주문을 냈으나 체결이 안 될 경우, 장 마감 전 동시호가 10분에 시장가 주문으로 전환하게 되는 주문. 조금 더 유리한 가격에 매매하고 싶지만, 혹시 그 가격이 안 되면 장이 끝나기 전에 꼭 사야겠다는 경우죠.

* 동시호가: 장 시작 전 8:30~9:00 사이의 주문과 장 마감 전 15:20~15:30분 사이의 주문을 모두 모아 한꺼번에 같은 가격으로 주문을 처리하는 매매 방식

② 최우선 지정가: 앞의 호가창에서 가격은 넣지 않고, 최우선 지정가로 지정하면 54,400원에 매수 주문이 들어갑니다. 즉, 현재 나와 있는 매수 주문 중 가장 최우선으로 거래가 성사될 가격이죠.

③ 최유리 지정가: 바로 위의 호가창에서 최유리 지정가로 주문하면 54,500원에 매수 주문이 들어갑니다. 그럼 시장가랑 뭐가 다르죠? 시장가로 매수할 경우 위 주식을 50만 주 매수한다면 54,500원에 매수하고 남은 잔량은 그 위의 가격으로 매수하게 되죠. 최유리 지정가로 매수 주문을 하

면 54,500원에 매수하고 남은 잔량은 그대로 남아있게 됩니다. 기다렸다가 내가 지정한 54,500원으로 팔겠다는 주문이 나오면 그때 매수가 이루어지죠.

2
누가 얼마나
사는 거야?

주식 투자 실전을 위해 알아야 할 개념인 수급에 대해 알아보겠습니다. 초보 투자자라도 '외국인이 돌아왔다' '주식시장에 수급이 좋아지고 있다'와 같은 뉴스를 한 번쯤은 접한 적이 있을 텐데요. 주식시장의 수급을 대표하는 용어인 외국인, 개인, 기관에 대해 자세히 알아볼게요.

수급 주체 이해하기 ___

3시 반에 주식 장이 끝나면 오늘 하루 거래된 주문서를 확인하게 되는데요. 이 주문서를 통해 주식의 주문 수와 주문 가격에 관한 내용을 확인할 수 있습니다. 또한, 이 주문을 누가 넣었는지, 즉, 개인인지, 외국인인지, 기관인지와 같은 투자의 주체에 대한 정보와 이 주문들이 어떤 증권사를 통해 주문이 이루어졌는지 확인 가능합니다. 투자의 주체인 개인, 외국인, 기관을 대표적인 수급 3주체로 봅니다.

주식 매매 주문 중에서 개인이 넣은 주문, 기관이 넣은 주문, 외국인이 넣은 주문이 각각 얼마만큼 인지 분류해서 정리한 것이 주식시장의 '수급 데이터'입니다. 수급 데이터는 각 투자 주체별로 주문한 총량을 합산해서 누가 어떤 주식을 얼마만큼 매수/매도했는지에 대한 정보를 제공해 줍니다. 기관 투자자는 카테고리가 다양합니다. 은행이나 증권사와 같은 금융회사, 국민연금, 사학연금, 공무원연금을 포함하는 연기금이 기관 투자자에 포함됩니다. 일별로 각 주체가 얼마나 순매수(매수-매도)를 했는지는 증권사 앱의 투자자별 메뉴에서 확인할 수 있어요.

수급 데이터 활용하기　　　　——

　관심 종목이나 보유종목의 주가가 상승 또는 하락했을 때, 수급 데이터를 통해 상승과 하락의 퀄리티를 살펴볼 수 있는데요. 여기서 말하는 '상승의 퀄리티'라는 말은 똑같은 상승이라도 개인이 주식을 사서 주가를 올린 경우보다 기관과 외국인이 매수해서 오른 경우를 더 높이 평가하여 퀄리티가 높다고 해석하는 것입니다. 외국인이나 기관의 경우, 자금력이나 투자 패턴이 개인 투자자보다 더 낫다고 평가하는 것이죠.

　실제로 리서치 센터의 보고서는 '전일 외국인 순매수 상위 종목'과 '전일 기관 순매수 상위 종목'과 같이 외국인이나 기관이라는 주체가 많이 산 종목들을 데이터로 보여주는데요. 이는 그만큼 이 투자 주체들이 주식시장에서 미치는 영향력이 크다는 의미로 해석할 수 있습니다. 따라서 주식 투자 시에는 '종목의 주가'와 '투자 주체별 순매수 추이'를 동시에 확인하는 것이 좋습니다.

　투자 주체에 대한 데이터를 확인하면 투자 판단에 도움을 받을 수 있는데요. 예를 들어, 주가가 급락할 때, 외국인과 기관이 매도하기 시작했다면 '내가 잘 모르는 회사의 펀더멘탈에 문제가 될 일이 있는 건 아닌가?' 또는 '시장에 안

좋은 뉴스가 있는 건 아닌가?'하고 조금 더 뉴스나 정보를
찾아서 볼 수 있죠.

실전에서 수급 데이터 활용하는 방법

　　종목의 단순 순매수 수량과 순매수 금액만 보지 않고 누
적한 순매수 수량과 금액을 주가와 함께 그래프로 확인하면
좋아요. 아래처럼 세팅하고 주가와 누적 수급의 방향성을
같이 보면 됩니다.

Step1.

주식 현재가 화면에 들어가서 관심 종목 검색 후 차트 클릭

Step2.

차트 설정에 들어가서 지표 설정하기(기관 누적 순매수 수량, 외국인 누적 매수 수량)

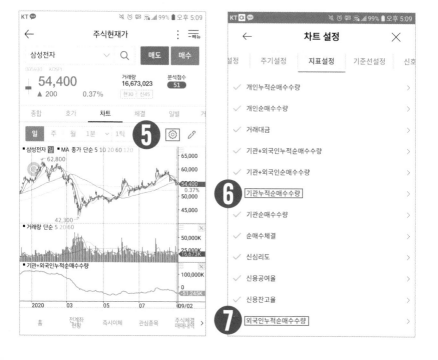

수급 데이터 활용 팁을 조금 더 드리면,

① 장중 수급 데이터 활용하기: 아침 9시 개장과 동시에 갑자기 급락하는 종목이 있으면, 어떤 행동을 취할지 결정해야 합니다. 전날 장이 마감된 후 악재가 있어 주가가 내리고 있다면 일시적으로 주가가 싸졌으니 이 종목을 추가 매수해야 한다는 생각이 들지만 '이 악재가 일시적인 악재인

가?' '추가 하락이 있으면 어떡하지?' '다른 사람들은 이 악재에 대해 어떤 생각을 하지?'라는 궁금증이 생기죠.

이럴 때 장중 수급 주체 데이터를 확인해 보는 것이 도움이 될 수 있습니다. 수급 주체별 매수, 매도는 장이 마감된 후에 합산해서 나오는 데이터라 장 중에는 확인이 어려워 추정한 데이터를 아래처럼 공개하고 있어요. 장중 수급 데이터에서 외국인이나 기관이 계속 매수하고 있는 것으로 나타나면 개인이 매수하는 것보다는 조금 나은 상황이라고 생각할 수 있겠죠.

② 거래원 데이터 활용하기: 주식 주문서에는 투자 주체(개인, 기관, 외국인)에 대한 정보뿐만 아니라 그 주문이 어느 증권사를 통해 나왔는지에 대한 정보도 포함하고 있는데요. 증권사별로 나온 주문서는 실시간으로 합산해서 증권사 앱의 거래원 정보에 반영이 됩니다. 실시간 확인이 가능합니다.

거래원 정보를 통해 어떤 증권사에서 매수, 매도 주문이 얼마나 나왔는지 확인할 수 있고 상단의 막대그래프는 순매수, 순매도 기준 수치를 보여줍니다. 투자 주체에 대한 장중 집계가 장중 3~4회 정도밖에 집계되지 않는 것에 비해 거래원 데이터는 실시간 확인이 가능하다는 장점이 있습니다.

거래원 탭 하단을 확인하면 '국내창구추정'과 '외국계창구추정'으로 간접적으로 외국계가 어느 정도 매수 혹은 매도하고 있는지 확인 가능합니다. 100%는 아니지만, 일반적으로 외국인 투자자는 외국계 증권사를 통해 주문을 넣고 있기 때문에 이런 추정이 가능하답니다.

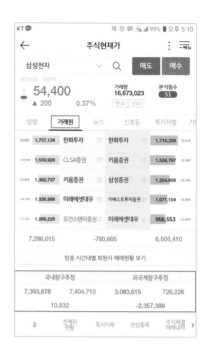

③ 증권사 특성 활용하기: 개인 투자자들이 계좌를 많이 가진 K 증권이 상위에 있으면 개인 투자자가 많이 매수하고 있다고 해석하거나, 급락 시 K 증권이 순매수 상위에 있으면 매도 물량을 개인 투자자가 다 받아 가고 있다고 볼 수 있어요. 매수/매도 의사결정에 이를 참고해주세요.

수급 데이터 활용 시 주의할 점 _____

어떤 종목의 주가가 올랐을 경우, 외국인이 이 종목을 사면서 주가를 밀어 올렸다는 사실을 데이터를 보고 해석할수는 있습니다. 그렇지만 이 데이터를 보고 외국인이 이 종목을 계속 살 테니 이 종목의 주가가 계속 상승하리라 예측할 수는 없습니다. 외국인이 지금까지는 계속 샀지만 앞으로 매수를 중단할 수도 있으니까요.

수급 데이터 즉, 누가 샀다 팔았다는 데이터는 과거의 현상을 해석하고 설명할 수는 있지만, 이 데이터를 기반으로해서 미래를 예측할 수는 없어요. 외국인 한 명의 매수, 매도 데이터가 아니라 많은 외국인의 데이터를 합산한 숫자이기 때문에 '이래서 주가가 올랐구나' '이래서 빠졌구나' '외국인이 왜 들어왔지?'라고 생각해 볼 수는 있지만, 이걸 기반으로 앞으로도 계속 살 것으로 예측하는 것은 지양해야합니다.

3
기적의
차트매매법?

주식에 관심 있는 사람이라면 '기적의 차트매매법'에 대해 한 번쯤 들어보셨을 텐데요. 과연, 기적의 차트매매법이 있을까요? 그 답을 찾기 위해서는 먼저 주식 차트를 이해할 수 있어야 합니다. 주식 차트 중에서도 가장 기본적인 내용 두 가지, 차트 읽는 방법과 기술적 지표에 대해 알려드릴게요.

봉차트란?

 차트를 구성하는 것이 봉처럼 생겼다고 해서 봉차트나 초를 닮았다고 해서 영어로는 candle chart라고 하는데요, 이 차트는 주식시장의 변하는 가격을 압축해서 봉 하나에 담아 놓은 거예요. 빨간색 양봉과 파란색 음봉, 두 가지로 구성되어 있답니다.

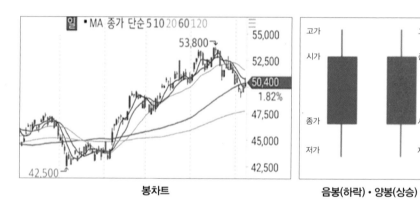

봉차트   **음봉(하락)·양봉(상승)**

[봉차트와 음봉·양봉]

 시가보다 종가의 가격이 높은 상태에서 끝난 경우, 즉 가격이 상승한 경우의 빨간색 봉을 '양봉'이라고 합니다. 반대로 시가보다 종가의 가격이 낮은 상태로 끝나는 경우, 즉 가격이 하락한 경우의 파란색 봉을 '음봉'이라고 합니다.

봉차트는 또다시 세 종류로 나눠집니다. 일봉차트, 주봉차트, 월봉차트입니다. 이름에서 알 수 있듯이 일봉차트는 하루, 주봉차트는 한 주, 월봉차트는 한 달 동안의 가격 데이터를 압축해 놓은 것인데요. 단위 기간 중 가장 낮은 주식가격을 '저가', 가장 높은 주식가격을 '고가'라고 합니다.

1. 기술적 지표 이해하기

기술적 지표는 차트를 기준으로 만들어지는데요. 투자 시기나 종목을 선정하는 데 도움을 줍니다. 신한 알파 앱의 톱니바퀴 부분을 클릭하면 기술적 지표들을 확인해 볼 수 있는데요. 여기에서 MACD, 볼린저 밴드, 이동평균선, RSI, 일목균형표 등 많은 종류의 기술적 지표를 확인할 수 있습니다.

2. 가장 기본적인 기술적 지표 중 하나! 이동평균선

이동평균선은 증권사 앱에서 따로 설정하지 않아도 가장

기본으로 설정된 지표인데요. 직전 5일, 20일, 60일, 120일 가격의 평균을 내고 그 평균선을 이어서 그린 것입니다.

5일선	일주일(5영업일)의 가격 평균선
20일선	1개월(20영업일)의 가격 평균선, 단기 추세선
60일선	3개월(60영업일)의 가격 평균선, 중기 추세선
120일선	6개월(120영업일)의 가격 평균선, 장기 추세선

[이동평균선의 종류]

이동평균선은 지지선과 저항선의 역할을 합니다. 지지선으로 작용한다는 것은 주가가 하락하는 추세에서 주가가 조정받아도 이동평균선 이하로는 내려가지 않고 지지가 된다는 뜻입니다. 반대로 저항선으로 작용한다는 것은 주가가 상승하는 추세에서 어느 수준까지 오르면 가격이 더 오르지 못하게 저항이 생긴다는 의미입니다.

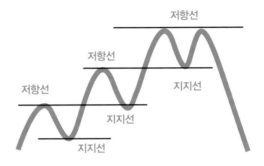

[이동평균선, 지지와 저항의 역할]

　이동평균선과 짝으로 알아둬야 할 개념이 이격도예요. '이격도'란 이동평균선과 현재 주가의 차이를 숫자로 표현한 것입니다. 주가가 이동평균선을 조금 내려갔다가 올라가거나 닿기 전에 올라가도 지지가 되는 것으로 해석되는 이동평균선의 명확하지 않은 경계를 보완하는 역할을 합니다.

　이격도를 20일 기준으로 잡는 사람도 있고 25일 기준으로 잡는 사람도 있습니다. 또한, 변동성이 큰 종목은 이격도 기준을 105와 98보다 좀 더 넓혀 잡고 변동성이 작은 종목은 기준을 좀 더 좁혀 잡는 때도 있는데요. 이격도에 대한 기준도 이동평균선의 지지선과 저항선 역할처럼 다소 주관적인 여지가 있다는 점 유념해야 합니다.

이격도를 해석하는 방법과 매매전략은 다음과 같습니다.

① 이격도〉100 : 현재 주가가 과거 이동평균보다 높다.

② 이격도〈100 : 현재 주가가 과거 이동평균보다 낮다.

③ 상층추세&이격도≥105 : 현재 주가가 과거 이동평균 보다 5% 이상 높음. 주가가 올랐다고 판단, 매도 타이밍으로 해석.

④ 상승추세&이격도〈98 : 현재 주가가 과거 이동평균보다 2% 이상 낮음. 주가가 내렸다고 판단, 매수 시그널로 해석

3. 가장 기본적인 기술적 지표 중 또 하나! RSI

이동평균선은 현재의 주가 추세를 보여주는 지표인데요. 해석이 명확하지 않고 예상에서 어긋나는 경우가 많습니다. 따라서 이 추세가 얼마나 강한지, 이 강도를 확인해 보는 것이 중요합니다. 추세의 강도를 보여주는 지표가 바로 RSI입니다. RSI를 이해하는 방법과 매매전략은 다음과 같습니다.

① 범위 : 0~100

② 지표해석 기준 : 30, 70

③ RSI〈30 : 과매도 구간, 매수 시그널로 해석

④ RSI≥70 : 과매수 구간, 매도 시그널로 해석

[Tip] 볼린저 밴드와 RSI 조합으로 매매 타이밍 잡기

볼린저 밴드란, 주가의 움직임이 이동평균선을 중심으로 일정한 가격 범위를 잘 벗어나지 않는다는 점에 착안해서 존 볼린저John Bollinger가 통계적 기법을 이용하여 개발한 지표입니다. RSI와 함께 매수 및 매도 시점을 잡을 때 유용하게 쓰이는 지표입니다.

가격이 20일 이동평균선을 기준으로 표준편차의 2배만큼 높은 수준에 있는 위쪽 밴드에 도달하면 과매수, 표준편차의 2배만큼 낮은 수준에 있는 아래쪽 밴드에 도달하면 과매도로 판단합니다. 따라서 가격이 위쪽 밴드에 도달하면 매도, 아래쪽 밴드에 도달하면 매수 시그널로 파악합니다.

따라서, RSI가 30 이하이면서 볼린저 밴드가 과매도를 뜻하는 구간, RSI가 70 이상이면서 볼린저 밴드가 과매수를 뜻하는 구간에 도달하면 각각 매수, 매도 타이밍으로 생각하고 투자를 결정하면 RSI 하나로 매수 혹은 매도를 결정하는 것보다 더 정확하게 시장을 파악할 가능성이 커지게 됩니다.

실전! 종목 차트와 기술적 지표로 주식 매매하기 ____

Step1.
주식 앱에서 이동평균선, 거래량, RSI 세팅하기

Step2.
이동평균선으로 추세를 파악하고 조정 시기에 분할 매수하기

20일 혹은 60일 선에서 지지가 되고 상승추세에 있는 종목이 펀더멘탈도 괜찮다고 여겨지면, 양봉을 그리면서 급등하는 시점에는 매수하지 않고 기다렸다가 조정을 받아서 이동평균선 근처에 왔을 때 분할매수 합니다.

Step3.
RSI를 참고해서 매도 시점 정하기

이동평균선만 보면 매도 시점을 알기 어려운데요. 방금 설명한 것처럼 이때 RSI가 70을 상회할 때를 매도 타이밍으로 잡으면 됩니다.

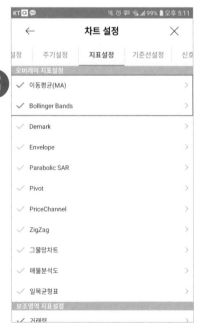

Step4.
여러 다른 지표를 조합해서 나만의 규칙을 만들기

한 가지 지표만 보지 말고 여러 지표를 조합해서 판단해야 합니다. 처음에는 다소 어려울 수 있지만, 주식의 매수/매도 경험을 통해 자신만의 원칙을 세워나가야 해요.

매매 원칙? 어떻게 세우죠? ____

매매 원칙에 대해 감이 안 잡히는 분들을 위해 제가 지키려고 하는 네 가지 매매원칙을 공유해 드릴게요. 참고하셔서 손실을 잘 관리할 수 있는 본인 만의 매매원칙을 세워보세요.

① 상승하는 날 매수하지 않는다

저는 주가가 상승해 양봉인 날에는 매수하지 않는다는 원칙을 갖고 있습니다. 특히 주가가 5% 이상 급등하는 날 추격 매수를 하면 전체 평균 단가를 높이고 고점에 매수할 가능성이 있기 때문이죠. 이 원칙은 경험을 통해 세운 원칙이므로, 투자자마다 다른 견해를 가질 수도 있습니다.

② '절대 손절라인'은 칼같이 지킨다

손절매란 투자 손실을 줄이기 위해 정해둔 손실 범위에
도달했을 때 손실을 보더라도 해당 종목을 매도하는 것을
말하는데요. 절대 손절라인이란 이 이상 하락하면 어떤 이
유에서든 내가 투자한 회사에 큰 문제가 있는 것이기 때문
에 손절을 진지하게 고민하는 손실 정도입니다. 저는 -40%
정도로 생각하고 있어요.

③ 120일선이 깨지면 종목 리뷰를 해본다

일봉기준으로 이동평균선 120일선보다 주가가 하락하면
원래 생각했던 투자 포인트에 문제가 생긴 것은 아닌가 하
고 다시 한번 종목을 리뷰합니다.

④ 분할 매수를 한다

4가지 매매원칙 중에서 초보 투자자가 꼭 지켜야 할 원칙
을 하나 꼽으라면 지금 말씀드릴 분할매수라고 생각합니다.
투자하려는 전체 금액을 100으로 둔다면 한 번에 매수하는
게 아니라 여러 번에 걸쳐 매수하는 방식이에요. 매수한 후
에 주가가 예상치 못하게 하락하더라도 추가 매수를 통해
평균 단가를 낮출 수 있어 투자자 멘탈 관리에도 도움이 됩
니다.

자, 그럼 다시 처음 질문으로 돌아가겠습니다. '기적의 차트 매매법'이 있을까요? 개인적으로는 없다고 생각합니다.

앞서 이동평균선과 RSI지표에 대해 알아보면서 기술적 지표는 매매 타이밍을 잡거나 평균 단가를 낮추는 데 활용하는 정도이지, 절대적으로 수익을 내는 기준은 아니라는 생각이 들었을 거예요. 기술적 지표는 해석이 모호한 한계가 있고, 예상대로 규칙이 움직이지 않는 경우도 많습니다. 종목에 따라서 규칙 적용이 달라지기도 하죠. 따라서 재무제표, 회사, 사업 영역과 같은 펀더멘탈을 충분히 이해하는 종목에 대해서만 기술적 지표를 적절히 활용하는 것을 추천합니다.

4
연애를 글로만 배운 사람처럼…
주식도?!

주식 매매 방법, 차트 보는 법 등에 대해 이야기해보았어요. 우리는 지금 연애를 글로만 배운 사람처럼 투자를 글로만 배운 상태라고 할 수 있어요. 이론적으로는 투자에 대해 어느 정도 파악하고 있다고 해도 실전은 엄연히 다르죠. 검색부터 매수 주문까지 증권사 앱을 똑똑하게 활용하는 방법에 대해 알려드릴게요.

무궁무진한 주식 종목, 어떤 종목을 골라야 할까? _____

우리나라 주식시장에만 약 2,000여 개가 넘는 종목들이 있습니다. 대부분의 초보 투자자들이 S전자, H자동차 같은 대형주 위주로 투자를 시작할 텐데요. 처음에는 우량 대형주 매매만 해도 괜찮지만, 주식시장에도 수많은 종목이 있답니다. 그만큼 다양하고 많은 기회가 열려있다는 뜻이에요.

그럼 이 중에서 내가 생각하는 좋은 조건에 맞는 종목을 어떻게 골라낼 수 있을까요? 사람마다 이상형이 다른 것처럼 투자 스타일도 마찬가지입니다. 어떤 사람은 외국인 수급을 기준으로 판단하고, 어떤 사람은 밸류에이션 지표를 중요하게 볼 수도 있어요.

저는 퀀트 애널리스트로 일할 때 펀드매니저나 투자자가 요청하는 조건으로 종목을 선별하여 자료를 작성하고 배포하는 일을 주로 했었는데요. 요즘은 누구나 이런 자료들을 앱에서 쉽게 확인할 수 있답니다. 제가 사용하는 신한 알파앱을 기준으로 종목 검색, 종목 스크리닝 기능을 활용하는 방법을 소개하도록 하겠습니다.

종목 검색, 증권사 앱 어떻게 활용할까요?

'종목 검색' 기능을 통해 기술적 지표 등을 파악하기

종목 검색 탭을 클릭하면 종목에 대한 기본적인 정보, 수급, 기술적 지표들을 일정 기준으로 스크리닝 할 수 있어요. 예를 들어, 부채 비율이나 PER, PBR 같은 밸류에이션 지표는 낮을수록 좋지만, 반대로 성장률 같은 지표는 높을수록 좋으므로 지표마다 해석 방법을 알아야 하는데요.

신한 알파는 PER, ROE, 부채비율, 외국인 수급 등과 같은 지표들을 점수화하여 보여주기 때문에 초보자가 비교적 쉽게 접근할 수 있어요. 특정 지표에 대한 점수가 높다면 '아, 이 종목은 이 지표에 대해서 좋은 컨디션을 갖고 있구나'라고 해석할 수 있죠.

처음에는 이 점수만 확인해도 되지만 분석에 익숙해진 후에는 raw 데이터, 즉 실제 수치를 꼭 확인하는 습관을 들이는 것이 좋아요.

저는 종목을 발굴하거나 투자 아이디어를 찾을 때 이 기능을 많이 활용하는 편인데요. 먼저 펀더멘탈은 괜찮은데 시장에서 장기간 소외되어 있거나 최근에 상승세를 타기 시작한 종목 등을 걸러내고, 이후 재무제표나 사업보고서 같은 자료들을 분석해봅니다. 본인만의 검색 조건을 입력하셔도 되고, 조건검색 화면에서 '고평가된 모멘텀주' '단기하락한 기관주도주' 등 미리 설정되어 있는 조건들을 참고하셔도 됩니다.

'실시간 종목 검색' 기능을 통해 중·소형주 파헤치기

실시간 종목 검색 또한 자주 이용합니다. 특히 중·소형주 매매를 공부할 때 도움이 되었어요. 중·소형주 투자 공부를 할 때 '그날의 상한가 종목'을 정리하면 효과적이라는 조언을 들었는데요. 오늘 상승한 종목에 대해서 어떤 재료가 있었고, 어떤 이슈가 있었는지 정리해보는 것이죠. 작은 종목들은 대형주보다 정보가 제한적이기 때문에 차트나 뉴스 이슈를 같이 확인하면 공부가 많이 됩니다.

상한가 종목 검색뿐만 아니라 52주 신고가를 갱신한 종목, 회전율 상위 종목들도 체크 할 수 있어요. 또한, 수급이나 기술적 지표를 기준으로 눈에 띄는 종목들을 실시간으로 확인할 수도 있죠. 좀 더 액티브하게 매매하거나 작은 종목들을 매매하는 경우라면 꼭 참고하세요.

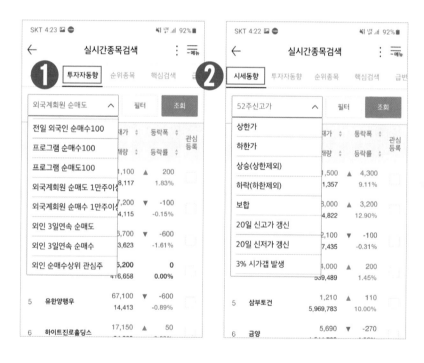

SKT 4:22　　　　　　　　　 92%

← 　　　실시간종목검색　　 ⋮ ☰ 메뉴

시세동향　투　③　순위종목　핵심검색　급변

당일 회전율 상위 　∧　　필터　　　조회

거래량 상위　　　　　　대가 ⇕　　등락폭 ⇕　관심
　　　　　　　　　　　　　　　　　　　　　　등록
거래대금 상위　　　　　래량 ⇕　　등락률 ⇕

20일 대비율 상위　　　),200　▲　1,420

5일 대비율 상위　　　1,802　　16.17%

거래량 증가율 상위　3,605　▲　　560
　　　　　　　　　　　7,462　　18.39%
당일 회전율 상위
　　　　　　　　　　　5,050　▲　　550
우선주 괴리율 상위　3,174　　 2.24%

전일 대비율 상위　　2,800　▼ -1,100
　　　　　　　　　　344,415　　-2.04%

　　　　　　　　　　　6,400　▲　　670
5　 KT서브마린　 22,496,974　 11.69%

　　　　　　　　　　 11,350　▲　　400
6　 시스웍

'고수들의 비법노트' 기능을 통해 AI 기반 추천 주식 참고하기

　다음으로는 요즘 핫한 인공지능이나 추천 시스템을 활용해서 투자자에게 적합한 주식 혹은 금융상품을 추천해주는 기능입니다. '취향 저격', 혹은 '고수들의 비법 노트'라고 되어 있는데요. '고수들의 비법 노트'는 사용자 데이터를 기반으로 나의 투자 스타일과 비슷한 다른 사람은 어떤 종목에 투자하고 있는지 보여주는 흥미로운 접근이에요. 사용자를 스톡비기너, 리치피플 등으로 유형화해서 각 그룹 투자자들의 보유, 매수 상위 종목들을 볼 수 있습니다. 취향 저격은 매매 내역을 분석해 투자자가 좋아할만한 주식을 추천해주는 서비스구요. 넷플릭스에서 내가 그동안 시청한 영상을 기준으로 새로운 컨텐츠를 추천해주듯 비슷한 방법론을 적용한 기능입니다. 여기서 투자 아이디어를 얻을 수도 있겠죠.

세상은 넓고 주식 종목은 많습니다. 수많은 종목 중에 숨겨진 보석을 발견하는 일은 주식 투자의 진정한 의미이기도 하죠. 종목 검색기능을 적극적으로 활용해서 종목들을 분석하고 이를 바탕으로 투자한다면 조금 더 편리하고 효과적인 투자 생활을 누릴 수 있을 거예요.

5
트럼프 트윗으로
내 주식이 박살 날 때?

　장이 끝나고 악재가 터졌다면, 어떻게 대처해야 좋을까요? 기대하고 있던 계약이 해지되었다든가 북한·미국 화해 무드를 타고 대북주가 급등했는데 갑자기 트럼프가 회담하지 않겠다고 트윗을 한 상황인 거죠. 이번 챕터에서는 정규장 외의 시간에 거래하는 특수주문에 대해 자세히 설명해 드리겠습니다.

주식장이 끝나고 악재가 터졌다면? ____

2017년과 2018년에는 대북테마주가 '핫'했습니다. 분위기가 굉장히 긍정적이었죠. 그러나 2018년 여름, 국내 주식시장이 끝난 이후 밤 11시쯤에 도널드 트럼프 미국 대통령이 북한과의 회담, 협상을 중단하겠다고 트윗을 날렸는데요. 트윗을 접한 대북테마 투자자들이 굉장히 당황했었습니다.

다음 날 주식시장이 열리면 관련주 주가가 바닥을 치리라는 것이 예상되는 상황이었죠. 밤새 주식 관련 뉴스에 신경을 곤두세우고 트럼프가 그 이후에 트윗한 내용은 없는지, 북한의 반응은 어떤지 등을 지켜보다 다음 날 장이 열리면 재빠르게 대응을 해야 하는데요. 만약 해당 주식을 팔겠다고 생각했다면 다음 날 9시 정규장이 시작하고 나서 대응하면 사실 늦은 감이 있습니다. 발 빠른 대응을 위해 정규거래 외에 특수주문 이용이 필요합니다.

[심화학습] 주식의 가격은 어떻게 설정될까요?

특수주문의 특징을 제대로 이해하려면 주식 거래 가격에 대한 기본적인 이해가 필요한데요. 시가는 정규장이 시작하는 오전 9시의 주식장 개시 가격이고, 종가는 정규장이 끝나는 오후 3:30의 주식장 마감 가격입니다. 그 외 시간대에 거래하는 가격에 대해서도 알아보겠습니다.

1. 장전&장후 시간외 매매

정규장 시간(오전 9시 ~ 오후 3시 반) 외에도 매매 가능한 시장이 있는데요. 이것을 '시간외 매매'라고 합니다. '장전 시간외 매매'는 정규장 시간 전 오전 8시 30~40분에 '장후 시간외 매매'는 정규장이 끝난 후 오후 3시 40분~4시에 매매할 수 있습니다. 이때의 거래가격은 정규장 시간이 끝나는 시점의 가격인 종가 기준입니다. 장전 시간외 매매의 거래가격은 전일 종가 기준이 됩니다.

정규장이 끝나자마자 악재가 터져 그 종목을 팔고 싶을 때, 이 '장후 시간외 매매'에서 매도할 수 있다면 가장 이상적입니다. 이때는 종가로만 거래가 되기 때문에 악재가 반영되지 않는 가격에 팔 수 있기 때문입니다. 하지만 악재가 터졌는데 높은 가격에 사고 싶은 사람은 거의 없으므로 이 시간외 매매가 성사되기는 힘듭니다.

시간외 매매를 위해서는 주문 가격을 별도로 제시할 필요 없이 매매 유형에서 '장전 시간외' 또는 '장후 시간외'를 선택하고 주문 수량만 입력하면 됩니다. 종가 기준이므로 가격 변동성이 없고 거래가 체결되지 않으면 해당 거래는 미체결로 마무리됩니다. 미체결된 거래는 자동 취소되므로 다음 날 다시 주문을 넣어야 하니 주의하셔야 해요.

2. 시간외 단일가 매매

시간외 단일가 매매는 장후 시간외 매매가 끝난 오후 4시에서 오후 6시 사이에 거래가 가능한 특수주문의 한 종류인데요. 시간외 매매처럼 종가 가격대로 고정해서 거래하는 것이 아니라 10분마다 매수, 매도 주문을 모아서 매매가 체결됩니다. 따라서 시간외 단일가 매매 시장에서는 10분마다 가격이 변한다고 보시면 됩니다. 원하는 가격과 주식 수를 동시에 입력해야 주문 체결이 가능하다는 점이 장전&장후 시간외 거래와의 차이점입니다. 거래가 많지 않은 작은 종목의 경우, 시간외 매매가 거래시장에서 거래가 일어나지 않을 수도 있고 호재나 악재가 있으면 거래량이 많지 않아 거래가 체결되기 쉽지 않습니다.

3. 장 시작 전 동시호가 매매 활용하기

정규장이 끝난 이후 주식 매매를 할 수 있는 장전 시간외 매매, 장후 시간외 매매 그리고 시간외 단일가 매매와 같은 특수주문은 호재나 악재가 생긴 경우에는 거래를 체결시키기가 쉽지 않다는 사실을 위에서 알아봤는데요. 테마주를 누구보다 빨리 팔고 싶다면 '장 시작 전 동시호가 시장'을 활용해 볼 수 있습니다.

　장 시작 전 동시호가 매매는 정규장 시작 30분 전, 8시 반부터 9시까지 매매를 원하는 사람들의 주문서를 한 번에 취합해 거래를 체결시키는 것입니다. 이 주문서들을 종합해 9시에 시작하는 가격인 시가를 정하게 됩니다. 동시호가 매매에 참여하기 위해서는 오전 8시 반부터 9시 사이에 시장가나 지정가로 주문을 넣으면 됩니다.

　트럼프의 트윗을 보고 '차라리 빨리 손절매하고 털어버리는 것이 낫다'라고 생각하는 경우에는 동시호가 시간에 '시장가' 주문을 넣으면 됩니다. 이 경우 무조건 시가에 주식이 팔리게 됩니다. '그래도 나는 2만 원은 받아야겠어'라고 생각하고 2만 원에 지정가 매도 주문을 넣으면 시가가 2만 1,000원으로 결정된 경우에는 주문이 체결됩니다. 만약 시가가 1만 9,000원으로 결정이 되면 주문이 체결되지 않습니다. 동시호가 시간에는 주문을 실시간으로 모아서 예상 체결가를 흐리게 보여주고 있으니 참고해서 매도가를 정하면 됩니다.

　앞에서 말씀드린 정규장 외의 시간에서 거래하는 여러 방법을 간단하게 아래처럼 정리했습니다. 이 특수주문은 평소에는 사용할 일이 거의 없을 거예요. 투자 기간을 짧은 단타 혹은 테마주 매매를 하실 때 변화에 대응해서 빠르게 매수/매도해야 할 때 활용해 주세요.

시간외 매매	장전 시간외 매매	8:30 AM ~ 8:40 AM
		전일 종가로 거래
	장후 시간외 매매	3:40 PM ~ 4:00 PM
		당일 종가로 거래
	시간외 단일가 매매	4:00 PM ~ 6:00 PM
		10분마다 단일가 체결
장 시작 전 동시호가 매매		8:30 AM ~ 9:00 AM
		시가나 지정가 주문 가능

[악재에 활용 가능한 특수주문의 형태]

1. 조건부 지정가

장 중에는 지정가 주문으로 참여하다 매매 체결리 안 되는 경우 장 종료 전 10분간 진행되는 단일가 매매시 시장가 주문으로 전환되는 주문방식

2. 최유리 지정가

— 투자자에게 가장 유리한 가격을 지정하여 매매하는 방식, 살 때는 가장 낮은 가격인 최우선 매도호가 가격에 매수

— 살 때는 가장 낮은 가격에, 팔 때는 가장 높은 가격에 거래

— 투자자가 주문한 수량만큼 체결되지 않을 수 있음

3. 최우선 지정가

— 살 때는 가장 높은 가격에, 팔 때는 가장 낮은 가격에 거래

— 원하는 물량을 빠르게 최대한 확보하고 싶을 때

[그 외 주문가격에 대한 이해]

4장   주식, 돌발상황 대처하기!

내가 산 종목의 주가가 오르고 높은 수익을 올리면 좋겠지만, 그렇지 않은 때도 있겠죠. 투자의 대가 워런 버핏 할아버지는 투자의 원칙으로 이런 말을 했다고 해요.

"절대 돈을 잃지 말라!"

저는 처음에 이 말을 듣고 '에이 뭐야, 이런 얘기는 나도 할 수 있겠다!'라는 생각을 했었는데요. 투자 경험이 쌓일수록 왜 저 말씀 하셨는지 알 것 같더라고요. 투자에 있어서 돈을 버는 것도 중요하지만 앞에서 말씀드린 문제 상황에서 잘 대처해 손실을 줄이는 것도 굉장히 중요합니다. 이번 챕터에서는 여러분이 실제 투자를 하면서 부딪힐 여러 문제 상황에 대응하는 방법들을 얘기해 보겠습니다.

1
퍼센트 수익률의
비밀

우선, 수익과 손실을 측정하는 퍼센트 수익률의 특징을 함께 살펴볼게요. 퍼센트 수익률은 (끝 가격÷시작 가격×100-100)으로 계산이 되는데, 사실 이 수식의 정의보다 성질을 알고 계시는 게 중요합니다. 아래 각각의 문장이 참인지 거짓인지 생각하고 답해주세요

퀴즈 1. 10% 상승, 10% 하락을 반복하면
이 종목의 누적 수익률은 0%이다?

답은 거짓입니다. 얼핏 생각하면, 같은 % 만큼 상승과 하락을 반복하기 때문에 결국 제자리로 돌아올 것 같은데요. 주식 투자는 복리로 수익률이 적용되기 때문에 예·적금(단리)과는 다른 결과가 나옵니다. 단리와 복리의 차이는 간단해요. 10% 단리가 적용되는 예·적금 같은 상품에 100만 원을 2년 동안 투자한다면, 받을 수 있는 이자는 100만 원의 10%인 10만 원의 2년 치 20만 원이 됩니다. 복리가 적용된다면, 첫해에는 100만 원의 10%인 10만 원을 이자로 받고. 두 번째 해에는 100만 원이 아닌 이자를 포함한 110만 원을 투자하게 되는 거고요. 이자로 11만 원을 받아 총합산 이자는 21만 원이 됩니다.

주식 투자는 위에서 말씀드린 복리가 매일(?) 적용된다고 생각하시면 됩니다. 처음에 100만 원을 투자한 종목이 바로 다음 날 10% 상승하면 내 계좌 잔고가 110만 원이 되고요. 다음날 바로 10% 하락한다면 초기에 내가 투자한 원금 100만 원의 10%를 잃는 게 아니라 110만 원의 10%인 11만 원을 잃게 되는 겁니다. 그럼 내 계좌 잔고는 110만 원-11만 원 = 99만 원이 되어 누적 수익률은 0%가 아니라 -1%가 됩니다.

퀴즈2. −50% 손실 난 종목을 원상복구 하려면
+100% 수익이 나야 한다?

답은 참입니다. 첫 번째 문장에서 눈치를 채신 분들도 있을 텐데요. 같은 10%라도 +10%와 −10%의 무게는 다르답니다. 100만 원을 투자했는데 하락이 이어져 계좌 잔고가 50만 원인 반 토막이 나 있는 상태라면, 이를 원금인 100만 원 수준까지 복구하기 위해 50만 원이 필요해요. 수익률이 100% 나야 하죠. 손실을 복구하기 위해서는 큰 상승이 필요하므로 손실 관리가 무척이나 중요합니다.

실제로 업계에서는 펀드 등의 투자전략이 괜찮은지 검증할 때 과거 수익률만큼이나 최대 낙폭을 같이 확인하는 것을 중요하게 생각합니다. 과거에 이대로 투자 했을 때 제일 좋았던 고점 대비 최악의 상황에 얼마나 하락했는지를 나타내는 수치인데요. 큰 하락을 복구하는 데는 그 이상의 상승률이 필요하죠. 개별 종목을 내가 골라서 투자했든 펀드에 맡겼든 손실 리스크 관리를 위해서 적당한 손절이 필요할 수 있습니다. 사실 이 손절, 말은 쉽지만, 저도 투자하면서 가장 어렵게 느껴졌던 부분 중의 하나인데요. 다음 장에서 여러분께 도움이 될만한 손절 가이드를 공유해보도록 할게요.

2
내 주식이 떡락할 때?
이렇게 하세요!

출근길 아침. 무심코 켠 주식 앱이 새파랗다! 재무제표도 확인하고, 기술적 지표도 점검해 보고 샀는데, 고민하고 고민해서 매수한 종목이 순식간에 -10%를 가리키고 있어요. 이럴 때 여러분은 어떻게 하실 건가요?

방법 1. 그럴 리 없다고 부인하며, 간절히 기도한다.

방법 2. 왜 하락하는지 하나하나 원인을 분석해본다.

두 가지 방법이 있죠. '내 종목이 그럴 리 없어'라고 생각하며 급등을 기도하는 기적의 기도 매매법과 왜 하락하는지 그 원인을 분석해보고 합리적인 결정을 내리는 방법이에요. 우리는 당연히 후자의 방법을 택해야겠죠? 그런데 원인을 요목조목 분석하는 것, 말이 쉽지 처음엔 어떻게 해야 할지 감이 오지 않을 겁니다. 딱 3개의 질문을 던지고 이에 대한 답변을 찾아보시면 됩니다.

시장도 같이 하락하나요? ____

내 종목이 하락할 때 가장 먼저 확인해야 할 숫자는 KOSPI, KOSDAQ 지수의 등락률입니다. 내 종목이 10% 하락하는데 전체 시장 지수도 5% 가까이 큰 폭으로 하락하고 있다면, 내가 투자한 종목만의 문제라기보다는 모두가 좋지 않은 상황인 거죠. 시장 전체가 하락을 거듭할 때 내 종목만 플러스(+) 수익률을 내기는 쉽지 않습니다. 이때는 시장이 왜 이렇게 하락하는지 그 이유를 따져봐야겠죠.

네이버 금융이나 한경 컨센서스라는 사이트에 들어가서 시황을 정리한 뉴스나 보고서를 참고하면 됩니다. 증권사 앱으로도 간편하게 확인할 수 있어요. 신한 알파 〉 투자

정보〉딥서치뉴스 메뉴로 가면 현재 주식시장의 핫트렌드와 시황뉴스를 실시간으로 볼 수 있구요. 추가적으로 리서치/리포트 메뉴에서는 뉴스 뿐만 아니라 해당 증권사 리서치 센터의 보고서도 확인하실 수 있답니다. 출퇴근 길에 간편하게 앱으로 시황 뉴스나 보고서들을 훑어보는 것도 좋을 것 같아요

우리나라 시장은 미국의 영향을 많이 받기 때문에 네이버 금융>주요 뉴스에서 '뉴욕 마감'이 붙어있는 뉴스들이 특히 중요해요. 증권사 리서치 센터 RA의 경우에도 입사하면 가장 먼저 시작하는 업무가 이렇게 뉴스나 보고서에 나오는 전일 주요 이슈들을 정리하는 거랍니다. 처음엔 무슨

내용인지 어려울 수 있지만 모르는 용어를 찾아보고 반복해서 뉴스 정리를 하면서 기초 경제 체력을 길러주시면 좋을 것 같아요.

[네이버 금융 〉 주요 뉴스]

업종은 어떤가요?

시장 지수 움직임을 확인했는데 별다른 특이사항이 없다면 다음으로 비슷한 '업종'에 속해 있는 다른 종목들과 비교해봐야 합니다. 예를 들어, 투자한 '셀트리온'이라는 바이오/헬스케어 업종 종목이 급락한다면, 같은 업종 내 규모가 큰 삼성바이오로직스나 한미약품 등의 종목의 움직임을 확인하는 거죠.

여기서, 초보자분들은 같은 업종 내 다른 종목이 뭐가 있는지를 몰라서 동향을 체크하는 게 힘들 수도 있습니다. 그래서 챕터 1-3에서 설명 드린 GICS 분류 순서대로 주요 종

목을 관심 종목 리스트로 미리 세팅해 두시면 편해요. 시세 확인용 앱에 주요대형주, 테마들, 보유종목을 정리해 두면 내 종목의 움직임에 대해 빠르게 대응할 수 있겠죠. 관심 종목 리스트 추가가 귀찮으신 분들은 증권사 앱의 업종별 등락률 메뉴를 보시면 별도의 등록 없이도 편리하게 시장의 업종별 상황을 보실 수 있습니다.

네이버 금융을 활용하셔도 됩니다. 개별 종목 확인 화면에서 오른쪽 아래에 동일 업종 등락률을 보시면 업종 전체의 평균 등락률을 확인할 수 있고, 클릭하면 동일 업종 내 개별 종목 등락률을 지켜볼 수도 있습니다.

투자정보	호가 10단계
시가총액	**336조 988억원**
시가총액순위	코스피 1위
상장주식수	5,969,782,550
액면가 | 매매단위	100원 | 1주
외국인한도주식수(A)	5,969,782,550
외국인보유주식수(B)	3,341,734,801
외국인소진율(B/A)	**55.98%**
투자의견 | 목표주가	3.96매수 | 71,383
52주최고 | 최저	62,800 | 42,300
PER | EPS(2020.06)	17.65배 | 3,196원
추정PER | EPS	15.55배 | 3,627원
PBR | BPS (2020.06)	1.46배 | 38,534원
배당수익률 | 2019.12	2.51%
동일업종 PER	**17.79배**
동일업종 등락률	+0.31%

[네이버 금융 〉 셀트리온 검색 화면]

이렇게 데이터를 확인했는데 셀트리온만 하락하는 게 아니라 다른 종목들도 동시에 하락하고 있다면, 업종 전체에 이슈가 있는지 체크해 봐야 합니다. '그린 뉴딜, 디지털 뉴딜' 정책 발표로 관련 업종에 속하는 종목들이 크게 상승했다는 명확한 이유가 있는 때도 있고요. 아무리 뉴스, 공시를 찾아봐도 별다른 게 없는데 하락하는 때도 있어요. 이렇게 이유 없이 업종 간 상승 하락이 옮겨 다니며 반복되는 시장 상황을 '순환매' 장세라고 합니다. 업종 전체가 하락할만한 이슈가 발생했는데, 이 내용이 일시적인 것이 아니라면 냉정하게 손절을 고민해봐도 됩니다. 시장 전체가 하락하는데 내 종목만 상승하는 것이 힘들듯, 악재가 발생해 업종 전체에 대한 투자 심리가 안 좋아졌는데 내 종목만 상승하기도 쉽지 않기 때문입니다.

그 종목, 별다른 뉴스나 공시는 없나요?

마지막으로, 시장도 업종 내 다른 종목들도 멀쩡한데 정말로 내 주식만 하락하고 있다면 어떻게 해야 할까요? 해당 종목의 실적이나 영업 상황에 영향을 줄 수 있는 뉴스가 나왔을 확률이 높습니다. 실적이 발표됐는데 기대치에 미치지 못했다든가, 중요한 소송의 결과가 나왔다면 이에 주가는 민감하게 반응합니다. 아래처럼 차트에서 종목과 관련된 뉴스를 바로 확인할 수 있어요.

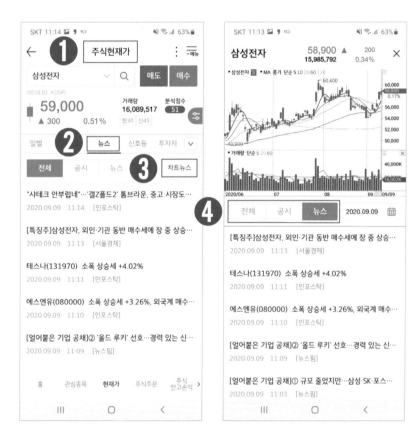

사례를 하나 말씀드릴게요. 2020년 8월 7일 장 중에 메디톡스의 주가는 갑자기 18%까지 급등했고, 대웅제약의 주가는 13% 하락했습니다. 오랜 시간 끌어온 두 회사의 보톡스 균주 관련 소송 결과가 나왔기 때문입니다. 미국 국제무역위원회ITC는 메디톡신과 대웅제약의 균주가 유전적으로 유사하다는 내용을 담은 예비 판결문을 공개했어요. 해당일에 코스피와 코스닥 시장은 0.4% 상승했고, 바이오/제약주인 삼성바이오로직스는 1%대 하락을 기록했습니다.

시장, 업종, 개별 종목 순으로 이슈가 있는지를 파악하고 이 뉴스가 일시적인지 앞으로도 회사의 상황에 영향을 줄 수 있는지를 점검해 주세요. 일시적인 이슈라면 오히려 주가 하락을 저가 매수 기회로 삼을 수 있겠고, 펀더멘탈(실적)에 영향을 줄 수 있다면 빠른 손절이 나을 수 있습니다. 챕터 4-6에서 실제 제가 경험했던 눈물의 손절 스토리를 공유하면서 얘기를 더 해보도록 할게요.

3
주가가 하락해서
공시를 확인했는데?

 주가가 크게 출렁여 시장〉업종〉종목 순으로 확인할 때, 초보자가 대응하기 가장 어려운 것이 개별 종목에 이슈가 있을 때에요. 무슨 공시가 떠서 주가가 하락한다는데, 이게 도무지 무슨 뜻인지 이해하기가 어렵습니다. 상장된 회사는 회사와 관련된 중요한 변화 내용을 모두 공시를 통해 투자자에게 공개해야 해요. 매일 수백 건의 공시가 쏟아집니다. 모든 공시를 다 다룰 수는 없으니, 이번 챕터에서는 주가에 영향을 미치는 기업들의 단골 공시 소재인 '유상증자'에 대해서 자세히 얘기해 보도록 할게요. 실제 대한항공이

2020년 초에 발표한 1조 원 규모의 유상증자 케이스를 함께 다뤄 보겠습니다.

유상증자는 회사가 자금이 모자라서, "돈을 달라Show me the money!"고 외치는 것입니다. 지금 대한항공의 상황이, 코로나로 무급휴직 상태가 된 일반인 B씨의 상황과 유사한 것 같아요. 이해하기 쉽도록 B씨의 상황에 대입해서, 구체적으로 유상증자에 관해 설명해 드리도록 할게요.

대차대조표와 손익계산서로 보는
B씨와 대한항공의 상황

유상증자 = Show me the money!

자산 1,000만 원	부채(남의 돈) 900만 원	휴직 전 수입: 300만 원 지출: 200만 원 잉여금: 100만 원
	자본(나의 돈) 100만 원	휴직 후 수입: 0원 지출: 200만 원 잉여금: 마이너스

[유상증자]

일단 기업의 재무제표는 기업이 보유한 자산을 나타내는 대차대조표가 있고, 수입과 지출을 보여주는 손익계산서가 있어요. 사람도 마찬가지겠죠. B씨의 월급은 300만 원이고 매달 200만 원을 지출했어요. 남은 100만 원 정도는 저축이나 투자를 하던 사람이었어요. 그런데 지금은 일시적인 무급 상태가 되었으니, 매출이 사라집니다. 따라서, 생활비 등의 지출만 발생하게 될 거예요. 당연히 남는 돈은 마이너스, 적자를 기록하게 되겠죠. 이 상황에서 B씨가 보유하고 있는 돈이 꽤 있는 사람이라면, 허리띠를 졸라매고 보유 자산을 소비하며 살 수 있을 거예요.

하지만 B씨는 그렇지 않았습니다. 보유하고 있는 자본은 100만 원에 불과했고, 오히려 부채나 사채를 사용해 빚이 900만 원이나 되는 사람이었어요. 이런 상황에서 갑자기 월급이 사라지고 지출만 나간다면 치명적이죠. 모아둔 돈도 없어서 살아남기가 힘들 거예요. 그리고 이런 사람한테 추가로 대출을 해줄 기관을 거의 없을 겁니다. 남의 돈을 빌려오기도 힘들어진 상황인 거죠.

지금 대한항공이 딱 이런 상황이에요. 코로나로 매출이 거의 나오지 않는 상황에서, 지출은 계속해서 발생하고 있어요. 고용된 사람들의 인건비도 발생하겠죠. 여기저기서 빌린 돈 때문에 이자로 지급하는 금융비용도 매우 큰 상태입니다. 따라서 코로나가 완화될 때까지는 이익이 마이너스를 기록할 확률이 높겠죠. 하지만 대한항공은 이런 적자 상태를 오래 견딜 수 있는 대차대조표도 가지지 못했습니다. 실제로 대한항공의 재무제표를 보면 부채 비율이 8~900%에 육박하고 있어요. 이 많은 부채 중 일부는 올해 원금을 갚아야 하는 만기가 예정되어 있습니다. 만약 이를 갚지 못한다면, 빌린 돈의 원금을 못 갚는 디폴트(회사채 부도 상황)가 발생하는 거예요.

대한항공이 부채를 갚을 수 있는 수단 = 유상증자 ____

대한항공이 바로 갚아야 하는 즉, 만기가 돌아오는 부채가 약 1~1.5조 원 정도라고 해요. 따라서 대한항공은 어떻게든 자금을 마련해야 하는 상황인 거죠. 이 경우에 대한항공이 선택할 수 있는 수단은 첫 번째로 자산 중 토지나 가치가 있는 투자 자산을 매각하는 방법이 있습니다. 송현동 부지 등을 판다는 얘기가 나오고 있어요. 하지만 토지나 자산 매각만으로는 돈이 부족합니다. 그래서 대한항공이 부채를 갚기 위해 선택한 방법이 바로 주주들에게 돈을 받아서 자본을 늘리는 유상증자입니다.

다시 대한항공과 비슷한 B씨의 사례로 돌아와서 이야기해볼게요. B씨는 현재 수입도 없고, 지출만 계속 발생하는 상황입니다. 또한, 부채가 많아서 더 돈을 빌려 올 곳도 없죠. B씨가 생각한 방법은 엄마한테 전화하는 거예요. "엄마! 내가 지금 힘들지만, 돈을 주시면 이 상황을 잘 넘겨서 나중에 호강시켜드릴게요"라고 말을 해서 돈을 받아오는 거죠. 그리고 내 돈인 것처럼 부채를 갚고 이자나 비용도 내는 등급한 지출에 사용합니다. 즉, 대한항공도 유상증자를 통해서 시장의 여러 참여자로부터 돈을 받은 후, 내 돈인 것처럼 회사의 자본 계정에 추가하려는 것이에요.

유상증자 = Give & Take

하지만 B씨가 엄마에게 요구한 것처럼, 대한항공이 여러분들에게 "그냥 일단 돈 줘봐요, 나중에 내가 잘되면 알아서 어련히 줄게요"라고 한다면 사람들은 당연히 돈을 안 주겠죠. 그래서 회사가 유상증자를 통해 돈을 받아 갈 때는, 회사에 돈을 납입해 주는 사람들에게 회사의 소유권인 지분을 나눠 줍니다.

원래 대한항공이라는 회사를 100명이 소유하고 있었다고 가정해 볼게요. 이 100명의 주주는 대한항공이라는 회사에 주식 투자한 사람들입니다. 그런데 유상증자를 하게 되면, 이 대한항공에 돈을 납입해 주는 사람들에게 주식(지분)을 대가로 나눠주기 때문에 주주가 늘어나게 되죠.

이번에 대한항공이 1조 원 가량의 유상증자를 하면, 기존에 100명이던 주주가 약 180명이 되게 됩니다. 그러나 대한항공이라는 회사의 전체 파이는 일정합니다. 따라서 기존 주주들에게는 이번 유상증자 결정으로, 나눠 먹을 수 있는 파이가 1/100에서 1/180이 되는 것이니까 좋지 않은 뉴스라고 할 수 있겠죠. 하지만 기존 주주들 입장에서도 "유상증자 하지 마!"라고 할 수도 없어요. 지금 유상증자를 통해서 돈을 받아서 자본을 늘리지 않으면, 대한항공은 이런 큰 돈을 마련할 수 없으니까요. 이렇게 나의 몫이 작아지는 것을 '지분 희석'이라고 합니다. 나의 몫이 작아지므로 일반적으로 유상증자 공시가 나오면 주가는 하락하는 경우가 많답니다.

유상증자로 예측할 수 있는 주가의 양상 두 가지 ____

긍정적 영향 = 주가의 상승	부정적 영향 = 주가의 하락
유상증자의 목적	**유상증자의 목적**
기업의 신사업 투자	차입금 상환 또는 자금 조달
유상증자의 결과	**유상증자의 결과**
기업 성장에 대한 기대로	지분 희석으로 인한
해당 주가의 상승 가능	주주 이익의 감소 및
	해당 주가의 하락 발생 가능

[유상증자로 인한 주가의 두 가지 양상]

1. 부정적 영향 = 주가의 하락

그런데 유상증자 공시가 나온다고 해서 반드시 주가가 하락하는 건 아닙니다. 주가 방향성을 알기는 어렵지만, 유상증자를 통해서 자금을 끌어오는 이유(목적)를 확인하는 것이 중요합니다. 이번 대한항공처럼 유상증자의 목적이 차입금 상황 또는 운영자금 조달이면, 일반적으로 악재로 인식돼 주가가 하락하는 경우가 많습니다.

2. 긍정적 영향＝주가의 상승

유상증자의 목적이 차입금상환 혹은 재무구조 개선 같은 내용이 아니라, 기업의 신사업 투자 등인 경우가 있습니다. 이때는 주가가 긍정적으로 반응하기도 합니다. 따라서 유상증자 공시가 나오면, 유상증자의 규모가 얼마인지를 보시고, 그 목적을 같이 확인하시는 게 좋아요. 유상증자 규모가 너무 커서 이번 대한항공 사례처럼 100명의 주주가 180명까지 늘어나는 경우라면, 해당 종목의 주가에 미치는 영향도 크겠죠.

유상증자 결정

1. 신주의 종류와 수	보통주식 (주)	79,365,079
	기타주식 (주)	-
2. 1주당 액면가액 (원)		5,000
3. 증자전 발행주식총수 (주)	보통주식 (주)	94,844,634
	기타주식 (주)	1,110,794
4. 자금조달의 목적	시설자금 (원)	-
	영업양수자금 (원)	-
	운영자금 (원)	-
	채무상환자금 (원)	1,126,984,121,800
	타법인 증권 취득자금 (원)	-
	기타자금 (원)	-
5. 증자방식		주주배정후 실권주 일반공모

4
급등주?
종목 추천을 받았다!

투자자 A씨는 2016년에 지인이 추천해 준 '보타바이오 (위너지스)'라는 종목에 투자했습니다. 8,000원대에 매입했던 종목은 2년 후 400원까지 가격이 급락했고, 2020년 현재는 상장폐지된 상태입니다. 이번 챕터에서는 정말로 여러분이 피하셔야 할 '지뢰', 상장폐지 가능성이 있는 부실 종목의 시그널을 찬찬히 살펴보겠습니다.

A 씨는 왜 투자에 실패했을까요?

첫째, 재무제표를 확인하지 않았습니다. 보타바이오는 A씨가 투자할 당시 이미 직전 10년 내내 영업이익 적자를 기록하고 있었습니다.

둘째, 투자 관리종목임을 몰랐습니다. 투자 관리종목은 상장폐지 가능성이 있는 종목을 사전에 투자자에게 경고하기 위해 지정하는 것입니다. 보타바이오는 지속된 영업 적자와 증자, 사명변경, 대표이사 교체 등으로 소위 장난을 치는 위험한 종목이었고, 당시 관리종목으로 지정이 되어 있었습니다. 관리종목은 네이버 금융 등 포털에서 종목명을 검색하면 아래와 같이 관리, 주의 등의 마크가 붙어있습니다.

른손 018700 코스닥 2020.08.26 14:34 기준(장중) 실시간 기업개요 관리종목			
660	전일 2,630	고가 2,745 (상한가 3,415)	거래량 486,842
대비 ▲30 +1.14%	시가 2,630	저가 2,530 (하한가 1,845)	거래대금 1,280 백만
선차트 1일 1주일 3개월 1년 3년 5년 10년		봉차트 일봉 주봉 월봉	

[관리종목 마크]

관리종목이나 상장폐지 종목은 어떤 행동을 했길래 위험하다고 지정이 되었을까요? 매출, 영업이익, 자본잠식률 등을 기준으로 지정되는데, 이런 위험 종목들이 하는 행동이 부모님 속을 썩이는 자식의 행동과 얼추 비슷합니다. 여러분이 쉽게 이해할 수 있도록 사람으로 비유해서 얘기해 보도록 할게요.

속 썩이는 자식이 하는 짓: 엄마! 돈 줘! ____

이전 챕터에서 유상증자의 개념을 설명해 드렸죠. 유상증자는 자신에게 돈을 투자해 줄 '엄마(주주)'를 찾는 과정이라고 말씀드렸어요. 이때, 내가 돈을 주는 자식이 앞으로 잘될 놈인지를 꼼꼼히 파악해야 합니다. 성실하고 일도 열심히 하는 아들이 큰맘 먹고 "엄마 오래 준비하던 이런 사업을 하고 싶은데 투자하시는 거 어때요?"라고 한다면 투자를 하는 것도 괜찮아요. 아들이 크게 성공하면 나한테 돌아오는 몫도 커질 테니까요.

그런데 반대로 속 썩이는 아들이 돈을 달라고 한다면? 관리종목, 상장폐지 위험이 있는 위험한 종목들이 자주 하는 행동 중의 하나가 '돈을 달라고 하는' 유상증자에요. 보통 이런 종목들은 당장 수입도 없고(영업이익 적자), 은행/대부업체 등에서 빌릴 수 있는 돈도 다 당겨온 상태이고(부채 비율이 매우 높음), 모아둔 돈도 바닥을 보이겠죠(자본잠식). 이렇게 절망적인 상황에서 엄마(주주)한테 요청하는 겁니다.
"이런저런 이유로 제가 지금 힘든 시기인데, 엄마가 일단 돈
을 주시면 급한 빚도 좀 갚고 다시 재기해 볼게요! 믿어주
세요."

실제로 보타바이오는 아래처럼 꽤 여러번의 유상증자 공
시를 냈어요. 삼성전자는 거의 20년간 유상증자를 한 번도
하지 않았다는 걸 고려할 때 짧은 기간 동안 여러 번 유상증
자하는 건 그렇게 좋지 않은 신호라는 것을 유추할 수 있습
니다.

기	위너지스	[기재정정]주요사항보고서(유상증자결정)	위너지스	2016.11.04
기	위너지스	[기재정정]**주요사항보고서(유상증자결정)**	위너지스	2016.07.27
기	위너지스	주요사항보고서(유상증자결정)	위너지스	2016.07.04
기	위너지스	[기재정정]주요사항보고서(유상증자결정)	위너지스	2016.06.08
기	위너지스	[기재정정]주요사항보고서(유상증자결정)	위너지스	2016.02.26
기	위너지스	주요사항보고서(유상증자결정)	위너지스	2016.02.05

[전자공시에 등록된 보타바이오의 유상증자 내역]

속 썩이는 자식이 하는 짓: 사업 병에 걸렸다⋯

속 썩이는 자식에게 두 번 속지 않을 거예요! 부채 비율

도 높고, 연속 적자를 기록하는 회사들이 유상증자한다고 한들 기꺼이 돈을 주려는 시장 참여자들이 많지 않겠죠. 그래서 이 속 썩이는 회사들은 '잘 나가는 믿을 수 있는 지식'인 척을 합니다. "그냥 유상증자해서 돈을 받겠다는 게 아닙니다! 새로운 사업을 하려고 하는 거예요"라면서 그 시기에 가장 유망한 산업이나 아이템을 내세웁니다. 또, 새로운 삶을 산다고 이름(회사명)을 바꾸거나, 대표이사를 교체하는 등의 방법 선택하기도 합니다.

아래 기사를 보면 보타바이오는 속 썩이는 자식이 하는 거의 모든 행동을 다 했었는데요. 회사 이름을 여러 차례 바꾸었고, 사업 성격도 계속 바뀌었습니다. 물론, 회사가 영업하다 보면 사명도 바꿀 수 있고 새로운 사업을 시작할 수도 있어요. 그렇지만 이런 행동(유상증자, 재무제표 부실, 신사업 발표, 사명변경, 연예인 등 유명인이 얽혀있음)을 한 번에 다 하기는 쉽지 않습니다. 이렇게 이상 징후를 보이던 회사는 결국 주가조작 논란까지 불거지고 상장폐지 결정으로 이어졌습니다.

속 썩이는 자식이 하는 짓: 결국엔 퇴출 _____

이렇게 엄마들에게 돈을 당겨와서 회사가 기적적으로 살아나면 좋겠지만, 보통 그렇지 않습니다. 대부분의 불량 회

185

사들은 증자 등을 통해 자금을 마련해도 영업을 통해 안정적으로 돈을 버는 구조를 갖추기가 쉽지 않기 때문입니다. 당장 '재무구조 개선'을 위해 급한 돈을 갚는 것이 우선이에요. 이런 상황들은 재무제표에 고스란히 반영돼 거래소에서 해당 종목들을 투자자 보호를 위한 '관리종목' 등으로 지정합니다.

관리종목이 다음 해까지 이를 개선하지 못하면 '상장폐지' 심사 대상이 됩니다. 부실한 종목이니 시장에서 이를 자유롭게 거래하면 안 된다고 생각해 시장에서 퇴출하는 거죠. 즉, 관리종목은 상장폐지를 예고하는 경고 딱지라고 생각하면 됩니다. 하루아침에 거래하던 종목을 상장 폐지할 수 없으니 미리 이름표를 붙여두는 거예요. 추천받은 종목이 관리종목이라면 아무리 확실한 정보라도 저는 웬만하면 투자를 지양하시는 게 낫다고 생각합니다.

상장폐지는 나와 먼 얘기라고 생각하시는 경우가 많은데요. 레모나로 유명한 경남제약, 막걸리로 유명한 국순당 등 유명하고 친숙한 기업들도 관리종목 지정, 상장폐지 심사를 거치며 주가의 부침을 겪었습니다. 주주의 몫인 자본이 모두 소진되는 완전자본잠식 상태에 빠지거나, 회계사가 기업의 재무제표에 '부적절'하다는 의견을 내는 등의 조건을 만족하면 상장폐지 심사의 대상이 됩니다. 실제 경남제약의 사례를 들어 상장폐지, 정리 매매 등을 설명한 영상이 있습니다. 관심 있으신 분들은 아래 QR 코드로 접속해 보세요.

처음 주식 by 챔

[QR 코드]

5
시장 하락은
이렇게 대비하자

주식 투자나 재테크를 하시는 분들에게 가장 힘든 날이 언제일까요? 바로 시장 전체가 폭락하는 상황입니다. 주식 시장이 박살이 났을 때, 댓글이나 주위 친구들로부터 "언제까지 이렇게 하락하는 거야?" "이런 상황은 어떻게 대응해야 해?"와 같은 질문을 굉장히 많이 받았어요. 안타깝지만 시장의 폭락 상황을 정확하게 예측할 수 있는 것은 신밖에 없다고 생각을 해요. 즉, 누구라도 시장을 정확히 예측해서 '바닥에서 사고, 꼭지에서 파는 것'은 불가능해요. 우리가 할 수 있는 일은 재난에 대비하듯이 급락의 상황에서도 피난처가 될 수 있는 안전자산을 포트폴리오에 조금씩 담아가는 거라고 생각합니다.

시장 급락의 상황 속,
내 수익률을 지켜주는 투자처?

주식시장이 폭락하는 상황에서도 상대적으로 수익률이 방어되고 방어가 될 뿐만 아니라 오히려 오르는 '안전자산'에 대해서 말씀을 드리려고 합니다.

[금 가격 추이]　　　　출처: investing.com

앞으로 말씀드릴 투자처에 대해 투자를 권유하는 것이 아닙니다. 안전자산도 주식과 마찬가지로 몰빵보다는 분산투자를 통해, 포트폴리오 전체의 변동성을 줄이는 것이 좋아요.

대표적인 안전자산으로 금이 있어요. 그 외에 달러나 엔화 그리고 미국 국채도 안전자산이라고 생각하시면 됩니다. 실제 금 가격 추이를 보여드리면, 2019년 초에는 1,200달러 후반 정도였는데, 6개월 사이에 1,400달러를 넘어섰고, 2020년 여름 기준으로 2,000달러를 돌파했습니다. 앞으로 "글로벌 경제 상황이 계속해서 좋지 않을 것 같다, 노이즈가 지속해서 주식시장이 더 빠질 것 같다"라고 생각하신다면, 금에 투자하시는 게 방법이 될 수 있어요.

그 외에도 아까 말씀드렸던 달러나 엔화, 미국 국채에 투자하시는 방법이 있습니다. 그리고 이런 안전자산 외에도 인버스 ETF를 통해서 지수가 하락할 때 오히려 수익을 얻는 방법이 있어요.

안전자산의 투자 방법　　　　　——

　그러면 금, 달러와 엔화, 미국 국채와 같은 안전자산과 인버스 ETF의 투자 방법에 대해서 구체적으로 이야기를 드릴게요. 금, 달러와 엔화, 미국 국채 ETF 같은 경우는 네이버 금융 사이트를 활용해서 직접 검색하는 방법도 함께 설명해 드릴게요.

1. 금 투자법

　실제로 주식시장 지수 연간 수익률과 금의 연간 수익률을 비교해 볼게요. 과거 IT 버블 붕괴나 2008년 금융위기의 경우처럼 주식시장이 무너지는 상황이 있었어요. 하지만 금과 같은 안전자산으로는 자금이 흘러들어와서 수익률이 방어되거나, 오히려 오르는 모습을 확인할 수 있어요. 여러분이 금에 투자하시는 방법은 크게 네 가지가 있습니다.

　1) 실물 골드바

　우선 실물 골드바에 투자하는 방법이 있어요. 하지만 골드바 같은 실물을 매매하시는 건 뒤에 말씀드릴 다른 방법들에 비해 비용적으로 손해가 큽니다. 실물을 매매하면 부가가치세가 10% 붙고 금은방에서 매매할 경우 수수료가 굉장히 비싼 편입니다. 따라서 실물 골드바 투자의 경우 기본적으로 약 15% 정도 손해를 보고 시작을 하게 되는데요. 개인적으로 안전자산을 포트폴리오에 담고 싶은 투자 목적이면, 골드바보다는 아래에 있는 세 가지 방법을 선택하시는 것이 낫다고 생각합니다.

2) 골드뱅킹(금 통장)

다음으로 시중 은행에 가서 골드뱅킹 즉, 금 통장을 만드는 방법이 있어요. 골드뱅킹 계좌를 통해서 금에 대해 투자하시는 것입니다. 골드뱅킹 계좌에 현금을 입금하면 이를 금으로 환산해 적립됩니다. 증권사를 통해서 투자하시는 것이 어렵다고 느끼시는 분들에게 적합하지만, 비용(수수료)이 비교적 비싼 편입니다. 또한, 차익이 이자/배당소득세 15.4%로 과세한다는 점도 기억해 주세요.

3) 금 ETF의 매매

증권사를 통해서 투자하는 방법의 하나에요. 네이버 금융 사이트를 기준으로 설명해 드릴게요. 네이버 금융 화면에서 국내 증시 탭의 ETF 부문에 들어오시면 됩니다. 금은 원자재에 해당하니까 원자재를 누르시면 확인하실 수 있어요.

이름이나 기초자산이 골드인 상품을 기억해서 계신 증권사 앱을 켠 다음에 입력하시면, 이 골드 ETF에 투자를 할 수 있습니다.

(장지수펀드)는 기초지수의 성과를 추적하는 것이 목표인 인덱스펀드로, 거래소에 상장되어 있어서 개별주식과 마찬가지로 기존의 주식계좌를 래를 할 수 있습니다. 그 구성종목과 수량 등 자산구성내역(PDF)이 투명하게 공개되어 있고, 장중에는 실시간으로 순자산가치(NAV)가 제공되 에 참고하실 수 있습니다. ETF는 1좌를 거래할 수 있는 최소한의 금액만으로 분산투자 효과를 누릴 수 있어 효율적인 투자수단이며, 펀드보다 수가 낮고 주식에 적용되는 거래세도 붙지 않습니다.

체	국내 시장지수	국내 업종/테마	국내 파생	해외 주식	원자재	채권	기타

종목명	현재가	전일비	등락률	NAV	3개월수익률	거래량	거래대금(백만)	시가총액(억)
EX WTI원유선물(H)	5,875	▼ 125	-2.08%	N/A	-2.20%	2,075,024	12,172	5,545
EX 골드선물(H)	13,450	▼ 10	-0.07%	N/A	+11.24%	325,511	4,372	2,502
EX 은선물(H)	5,640	▼ 85	-1.48%	N/A	+49.67%	1,176,734	6,634	1,658
R 원유선물Enhanced(H)	1,920	▼ 25	-1.29%	N/A	+1.57%	997,757	1,916	1,525
R 농산물선물Enhanced()(H)	4,295	▲ 30	+0.70%	N/A	+4.53%	49,531	212	356
EX 3대농산물선물(H)	7,530	▲ 90	+1.21%	N/A	+5.83%	44,199	331	115
R 구리실물	7,450	▼ 70	-0.93%	N/A	+15.87%	6,357	47	91
R 금은선물(H)	10,600	▲ 5	+0.05%	N/A	+14.17%	1,797	19	85
AR 팔라듐선물(H)	13,560	▼ 140	-1.02%	N/A	+16.25%	3,530	47	81
EX WTI원유선물인버스(H)	17,250	▲ 290	+1.71%	N/A	-0.79%	19,407	335	78

[네이버 금융 〉 국내 증시 〉 ETF 〉 원자재]

4) KRX 금시장 거래

마지막으로 KRX 금시장 거래 방법이 있습니다. 우리가 주식 매매를 하는 것처럼 증권사를 통해서 금을 매매하는

방법이에요. 11개의 증권사 중 한 곳에 계좌를 개설하시면
이용하실 수 있어요. 이 방법을 어렵게 느끼시는 분들이 많
지만, 수수료 등 투자 비용적인 측면에서는 가장 저렴하다
는 장점이 있어요.

2. 달러&엔화 투자법

1) 은행 환전

가장 쉬운 달러와 엔화 투자 방법이에요. 은행에 가서 환전하신 후 직접 보유하시는 방법입니다.

2) ETF 투자

전체	국내 시장지수	국내 업종/테마	국내 파생	해외 주식	원자재	채권	기타
종목명	현재가	전일비	등락률	NAV	3개월수익률	거래량	거래대금(백만)	시가총액(억)
R CD금리투자KIS(합성)	50,075	0	0.00%	50,074	N/A	4	0	4,703
R 미국MSCI리츠(합성 H)	11,520	▼ 80	-0.69%	N/A	-0.31%	4,189	48	576
EX 미국달러선물	10,490	▲ 20	+0.19%	10,493	-0.76%	74,823	785	448
EF 미국달러선물	12,635	▲ 25	+0.20%	12,638	-0.75%	1,668	21	268
EX 미국달러선물레버리지	10,205	▲ 35	+0.34%	10,213	-1.50%	39,073	399	249
EX TRF3070	10,655	▼ 25	-0.23%	10,617	+1.43%	4,834	51	224
R KIS부동산인프라채권TR	5,170	▲ 10	+0.19%	5,177	-3.27%	2,880	14	220
EX 배당성장채권혼합	11,040	▼ 10	-0.09%	11,043	+3.95%	6,266	69	199
R 미국달러선물인버스2X	8,950	▼ 55	-0.61%	8,976	+0.62%	22	0	179
TAR 채권혼합	58,715	▼ 175	-0.30%	58,813	+3.04%	26	1	141

[네이버 금융 〉 국내 증시 〉 기타]

ETF 중에서도 달러나 엔화 ETF가 있어요. 그 ETF를 찾아서 장 열리는 시간에 매수해 주시면 됩니다. 우선 달러의 경우, 미국 달러선물이라고 해서 미국 달러 움직임을 추종하는 ETF가 있습니다. 미국 달러선물레버리지는 달러의 움직임(수익률)을 2배씩 복세합니다. 그래서 3개월 수익률을 보면 달러 ETF는 -0.76%지만, 달러선물레버리지는 -1.5%가 넘어가는 수익률을 확인할 수 있어요. 그리고 엔선물 ETF도 있습니다. 마찬가지로 일본엔선물레버리지도 있어

서 보시고 투자하시면 됩니다. 달러/엔화 ETF가 뭐가 있는지 확인하실 때는 네이버 금융 사이트에서 국내 증시 탭의 기타 부문을 참고하셔도 되고, 증권사 앱에서 달러/엔화 ETF를 확인하고 바로 거래하셔도 됩니다.

3. 미국 국채 투자법

1) 미국 국채 직접투자

미국 국채에 투자할 수 있는 첫 번째 방법은 바로 미국 국채를 직접 사는 겁니다. '알채권 투자를 한다'라고도 이야기 하죠. 미국 국채는 증권사 앱에서 간편하게 '직구'하실 수 있어요. 과거에는 1만 달러(즉, 원화로 약 1,200만 원이상)

가 있어야 미국 국채를 직접 살 수 있었는데, 요즘은 간단하게 증권사 앱을 통해서 최소 100달러(즉, 원화로 약 12만 원)만 있으면 바로 직구가 가능합니다. 미국 국채 직구는 투자자 입장에서 내가 주도적으로 매수/매도 시점을 선택할 수 있기 때문에 좀 더 주체적으로 투자할 수 있는 장점이 있습니다. 특별히 중도매도 하지 않고 만기까지 채권을 보유하면 정기적으로 이자를 꼬박꼬박 받다가, 만기가 되어 원금을 돌려받을 수 있게 됩니다.

2) 국내 상장된 미국 국채 ETF 투자

전체	국내 시장지수	국내 업종/테마	국내 파생	해외 주식	원자재	채권	기타

종목명	현재가	전일비	등락률	NAV	3개월수익률	거래량	거래대금(백만)	시가총액(억)
TAR 단기통안채	104,005	▲ 10	+0.01%	104,000	+0.12%	656,392	68,264	1,681
EF 단기자금	101,765	0	0.00%	101,764	+0.12%	453,190	46,118	45,
EF 통안채1년	102,185	▲ 5	0.00%	102,190	+0.12%	222,280	22,713	59(
EX 단기채권	102,465	0	0.00%	102,468	+0.10%	22,092	2,263	17,62(
EX 단기채권PLUS	102,685	▼ 5	0.00%	102,686	+0.15%	18,027	1,851	8,60(
TAR 금융채액티브	102,635	▼ 20	-0.02%	102,599	+0.29%	12,008	1,231	65,
TAR 단기국공채액티브	101,400	0	0.00%	101,407	+0.19%	10,600	1,074	76,
EX 종합채권(AA-이상)액티브	110,425	▼ 45	-0.04%	110,391	-0.02%	7,002	773	13,434
EX 미국채울트라30년선물(H)	13,785	▲ 85	+0.62%	N/A	+2.62%	25,987	358	23(
EF 국고채10년	126,190	▼ 110	-0.09%	126,128	-0.47%	2,052	258	2,24(
R 미국채10년선물	12,665	▲ 30	+0.24%	N/A	+0.56%	15,701	199	48)
EX 국고채3년	58,035	▼ 10	-0.02%	58,015	+0.07%	2,763	160	73)
R 국채3년	111,400	▲ 10	+0.01%	111,420	-0.03%	716	79	46)
R 미국달러단기채권액티브	10,185	▲ 20	+0.20%	N/A	-0.39%	7,777	79	31)
EX 200미국채혼합	12,230	▼ 5	-0.04%	12,233	+3.69%	6,197	75	16(

[네이버 금융 〉 국내 증시 〉 채권]

미국 국채를 직접 사도 되고, ETF를 활용하셔도 됩니다. 네이버 금융 사이트에서 국내 증시 탭의 채권 부문에 들어가시면 국내 상장된 ETF 목록을 확인 해보실 수 있어요. 미국채10년 선물이라고 해서 미국 정부가 발행한 채권 만기 10년짜리에 투자하는 ETF를 말해요. 한 달 기준으로 2.4%, 3개월 수익률 +7% 정도 수익률을 기록하고 있습니다. TIGER미국채10년선물도 있고, KODEX에서 나온 미국채10년선물도 있어요. 둘 중에서는 거래 대금이나 비용을 고려하셔서 투자를 결정해 주시면 될 것 같습니다.

3) 미국 상장된 미국 국채 ETF 투자

Ticker	Fund Name	Issuer	AUM	Expense Ratio	3-Mo TR	Segment
SHY	iShares 1-3 Year Treasury Bond ETF	Blackrock	$21.10B	0.15%	0.17%	Fixed Income: U.S. - Government Treasury Investment Grade
SHV	iShares Short Treasury Bond ETF	Blackrock	$19.69B	0.15%	0.02%	Fixed Income: U.S. - Government Treasury Investment Grade
IEF	iShares 7-10 Year Treasury Bond ETF	Blackrock	$19.60B	0.15%	1.77%	Fixed Income: U.S. - Government Treasury Investment Grade
TLT	iShares 20+ Year Treasury Bond ETF	Blackrock	$17.23B	0.15%	4.84%	Fixed Income: U.S. - Government Treasury Investment Grade
GOVT	iShares U.S. Treasury Bond ETF	Blackrock	$14.72B	0.15%	1.56%	Fixed Income: U.S. - Government Treasury Investment Grade
BIL	SPDR Bloomberg Barclays 1-3 Month T-Bill ETF	State Street Global Advisors	$13.84B	0.14%	0.01%	Fixed Income: U.S. - Government Treasury Investment Grade
IEI	iShares 3-7 Year Treasury Bond ETF	Blackrock	$11.22B	0.15%	0.93%	Fixed Income: U.S. - Government Treasury Investment Grade
VGSH	Vanguard Short-Term Treasury Index ETF	Vanguard	$9.13B	0.05%	0.24%	Fixed Income: U.S. - Government Treasury Investment Grade
SCHO	Schwab Short-Term U.S. Treasury ETF	Charles Schwab	$7.38B	0.05%	0.24%	Fixed Income: U.S. - Government Treasury Investment Grade
VGIT	Vanguard Intermediate-Term Treasury Index ETF	Vanguard	$6.49B	0.05%	1.13%	Fixed Income: U.S. - Government Treasury Investment Grade
SCHR	Schwab Intermediate-Term U.S. Treasury ETF	Charles Schwab	$3.27B	0.05%	1.14%	Fixed Income: U.S. - Government Treasury Investment Grade
EMLC	VanEck Vectors J.P. Morgan EM Local Currency Bond ETF	VanEck	$3.15B	0.30%	-0.11%	Fixed Income: Emerging Markets Government, Treasury

[ETF.com]

국내 시장에 상장된 ETF 뿐만 아니라 미국 시장에 상장된 ETF를 통해서도 투자할 수 있습니다. 한국 시장 상장 ETF에 비해 종류가 월등히 많습니다. 그 외의 차이점은 국내 증시 TIGER 미국채10년선물 ETF에 투자의 경우, 우리나라 시간으로 9시부터 3시 반까지 장이 열릴 때 한국 원화를 가지고 매수를 하실 수 있습니다. 수익률에는 미국 국채 수익률과 달러 수익률이 같이 녹아 있다고 생각하시면 됩니다.

미국 시장에서 거래하는 ETF를 보는 ETF.com이라는 사이트에서 'treasury'라고 검색하면 미국 국채 ETF를 확인할 수 있어요. 검색 결과 중 가장 위의 '63 Treasury ETF Reports: Ratings, Holdings, Analysis'를 클릭해주세요. 만기별로 구분된 ETF를 보실 수 있고, 규모가 가장 큰 ETF는 블랙록Blackrock이라는 운용사에서 발행했습니다. 보시면 3개월 기준 수익률이 4%, 7%라고 나와 있습니다.

여기서 이는 달러 기준 수익률이라는 점을 꼭 기억해 주세요. 여러분이 실제로 TLT를 3개월 동안 투자한다고 가정을 해보면요. 3개월 기준으로 실제 여러분의 계좌에 찍히는 수익률은 이 TLT의 달러 기준 수익률 7.25%뿐만 아니라, 최근 3개월 기준 원/달러 환율의 3% 정도의 추가 수익률도 있습니다. 원/달러 환율이 1,180원대에서 1,210원대까지 올라왔기 때문이죠. 즉, 원화 환산 수익률은 10% 이상 정도 난다고 생각을 하시면 될 것 같아요. 미국 시장에 있는 미국 국채 투자를 하시면 달러와 미국 국채를 동시에 보유한 효과를 얻을 수 있어요(참고로, 이것은 자료를 작성한 기준의 수익률이며, 원/달러 움직임과 채권가격 변동에 따라 손실이 발생할 수 있는 투자입니다).

그 외의 방법: 인버스 ETF

전체	국내 시장지수	국내 업종/테마	국내 파생	해외 주식	원자재	채권	기타
종목명	현재가	전일비	등락률	NAV	3개월수익률	거래량	거래대금(백만)	시가
)DEX 200선물인버스2X	4,065	▲ 5	+0.12%	4,075	-19.52%	145,951,465	599,992	
)DEX 레버리지	15,250	▼ 45	-0.29%	15,347	+15.78%	46,075,488	696,374	
)DEX 인버스	5,400	▲ 10	+0.19%	5,402	-9.72%	27,077,898	146,914	
)DEX 코스닥150선물인버스	5,065	0	0.00%	5,080	-15.65%	37,070,512	189,806	
;ER 200선물인버스2X	4,205	▲ 5	+0.12%	4,205	-19.15%	2,816,867	11,956	
;ER 200선물레버리지	11,495	▼ 35	-0.30%	11,497	+15.94%	1,586,906	18,084	
;ER 인버스	5,925	▼ 5	-0.08%	5,935	-9.60%	321,941	1,920	
;STAR 국고채3년선물인버스	99,395	▲ 25	+0.03%	99,399	+0.18%	6	0	
;STAR 200선물레버리지	13,885	▼ 55	-0.39%	13,893	+16.36%	27,415	377	
;STAR 200선물인버스2X	4,070	▲ 20	+0.49%	4,076	-19.80%	577,315	2,374	

[네이버 금융 〉 국내 증시〉 ETF 〉 국내 파생]

그 외의 투자 방법으로는 인버스 ETF를 통한 투자가 있어요. 네이버 금융 사이트의 국내 증시 탭에서 ETF에 들어가신 후, 국내 파생 부분을 누르면 확인하실 수 있습니다. 여러 항목 중에 인버스 혹은 인버스2X라고 붙어있는 것이 있어요. 이 ETF들은 주식시장이 하락할 때, 역으로 수익을 볼 수 있는 구조라고 보시면 됩니다. 이 인버스/레버리지 ETF에 투자하실 때 알고 계셔야 하는 내용은 아래 영상에 정리해 두었으니 참고해 주세요.

처음 주식 by 챔

[QR 코드]

6
실패에서 얻는 교훈:
주식과 사랑에 빠지면 안 돼요!

내가 산 주식이 너무 소중할 때가 있어요. 그래서 사랑에 빠지죠. 문제는 너무 사랑해서 보내질 못할 때가 있다는 거예요. 떨어지고 있지만, 손절매를 못 하고 계속 붙들고 있게 되는 거죠. 제 이야기를 하나 들려드릴게요.

주식을 사랑하면 벌어지는 일

제가 개인적으로 주식 투자를 하면서 가장 손실을 많이

봤던 사례를 얘기해 보려고 해요. 손실을 많이 보기는 했지만, 이를 오답 노트 작성하듯 분석해 투자 스타일을 보완해 나갔습니다. 여러분께 말씀드리려고 당시의 차트를 캡쳐해 왔는데 지금 봐도 아찔하네요. 그때로 돌아가 시간 순으로 제가 어떤 잘못을 했는지 복기해 보겠습니다.

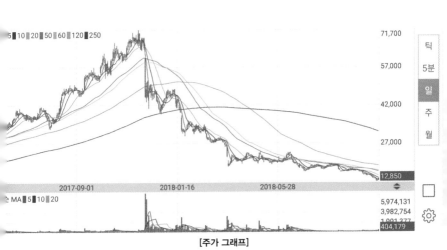

[주가 그래프]

2017년 여름

　11월 출시되는 스마트폰 신제품의 핵심 부품을 공급하는 한 스마트폰 부품 생산 회사에 대한 뉴스를 접하고 신제품 출시 뉴스가 나면 매도하자는 계획으로 투자를 결정함.

2017년 여름 ~ 2017년 가을 신제품 출시 시점

이동평균선 20일 선에 닿을 때마다 지속해서 추가 매수, 분할매수 하였음.

2017년 11월

예정대로 사과폰 신제품이 출시되었고, 제품에 대한 평가도 그렇게 좋지 않았으나 '괜찮겠지'라는 안일한 생각으로 매도하지 않고 계속 보유함.

2017년 12월 초

생산 부품에 대한 불량 이슈가 발생하여 하루 만에 -30% 하한가를 맞게 됨.

2018년 1월

제품 불량으로 사과사에서 해당회사의 제품을 더이상 공급받지 않겠다는 루머가 돔. 이게 사실이라면 그동안 주가 상승을 견인했던 호재가 사라진 것이므로 손절을 결정. 결국 3만 원대에서 전량 매도함.

2018년 6월

실제로 사과사 향 공급물량이 줄었고, 불량 관련 비용을 떠안으면서 발표된 분기 실적이 모두 쇼크 수준을 기록해 손절 이후에 1만 원대까지 주가가 하락함. 2020년 9월 기준으로도 여전히 주가는 1만 원대를 유지 중임.

타산지석, 실수를 통해 배우는 투자원칙　　　____

투자자는 시장에서 여러 종목을 만납니다. 펀더멘탈은 괜찮은지, 밸류에이션은 비싸지 않은지, 차트는 들어갈 만한 타이밍인지 등 여러가지를 고려해서 매수를 하고 나면 그때부터가 또 다른 시작입니다. 항상 나의 보유종목에 대해서는 냉철하게 판단해야 합니다. 말은 쉬워보이지만 참 어렵습니다. 내가 생각한 대로 주가가 올라주면 나도 모르게 이 종목과 사랑에 빠지기 때문입니다.

사랑에 빠진 저는 이성적인 판단을 내릴 수 없었습니다. 몇번의 좋은 매도 기회를 놓치고 3만 원대에서 손절을 했죠. 결정적으로 제가 호재라고 생각했던 '애플 공급'이 무너졌기 때문이에요. 이러한 내용을 파악하지 않고 단순히 "존 버하면 올라갈꺼야!" 라고 생각했다면 더 큰 손실이 나 아직까지 수익률을 복구하지 못했겠죠. 이 사례를 통해 제가 깨달은 투자 원칙을 같이 살펴볼게요.

1. '몰빵'하지 않는다!

신제품 출시 전까지 추가 매수, 분할매수하는 과정에서 주가가 지속해서 상승하자 원래 투자하려고 계획했던 금액보다 더 많은 금액을 투자하게 됐는데요. 투자자금이 한정적이다 보니 결과적으로 한 종목에 너무 큰 비중을 투자함으로써 포트폴리오 내 종목 분산투자의 원칙을 깨고 말았습니다.

2. 하한가는 꼭 다시 보자!

2017년 12월 초, 제가 투자했던 종목은 장 초반에 부품 불량 이슈가 제기되었고 결국 하한가를 기록했는데요. '공장에서 물건을 생산하다 보면 불량도 나고 그러는 거지!' 하면서 심각하게 생각하지 않고 하한가에 대해 깊이 분석을 하지 않았습니다. 어떤 이유에서든, 내 주식이 하한가를 맞았다면 그만큼 큰 이슈가 생긴 것이기 때문에 종목에 대해 다시 한번 객관적으로 분석해 볼 필요가 있습니다.

3. 손절매 원칙을 잘 지킨다!

처음 해당 종목을 매수할 때는 신제품이 발매되면 매도하겠다는 계획을 세웠습니다. 일반적으로 기대감을 선반영해 제품 출시 시점이 주가 고점을 형성하는 경우가 많기 때문이죠. 실제로, 발매 이후 스마트폰 신형 모델에 대한 반응이 그렇게 좋지 않았고 계획대로 주식을 매도해 수익 실현을 해야 했습니다. (그런데 안 했죠……. 흑) 저는 이미 사랑에 빠진 사람이었기 때문에 이성적인 판단을 하지 못했던 겁니다. 주가가 계속 더 오를 것이라는 기대감으로 원래 계획에서 벗어나 주식을 계속 보유했습니다. 하한가 맞은 날에도 장 중 -7~8% 빠졌을 때 손절매를 하지 않았습니다. 이후에도 버티다가 결국 큰 손실을 보게 됐습니다.

여기까지 제 투자 원칙과 경험담을 여러분들과 공유해봤는데요. 이 투자 원칙은 정답이 있거나, 누가 정해 주는 것이 아니라 자신의 성향과 상황에 맞게 세우는 것이 좋습니다. 절대 '몰빵'하지 않기, 하한가는 꼭 다시보기 등과 같은 자기만의 원칙 말입니다. 나만의 투자원칙을 지켜 변동성이 여러분이 큰 주식시장에서도 손실 관리를 잘 할 수 있기를 응원합니다.

1
네이버금융과
한경컨센서스

주식 투자를 할 때 매매를 하기 위한 증권사 앱은 물론이고요. 투자에 도움이 되는 다양한 사이트나 서비스를 활용하시면 좋아요. 무료로 사용할 수 있는 네이버 금융/증권플러스(구 카카오스탁), 한경컨센서스를 찬찬히 살펴볼게요.

네이버 금융/증권플러스

개별 종목의 가격, 재무, 공시 정보 등을 확인할 수 있습니다. 네이버 금융은 웹/앱 모두, 증권플러스는 앱 서비스를 제공하고 있는데요. 저는 앞서 말씀드린 대로, 종목 재무 데이터를 엑셀에서 분석할 때는 네이버 금융을 활용합니다. 아래처럼 기본 투자 정보, 가격 차트부터 재무 정보까지 모두 나와 있는데, 여기 나와 있는 정보만 잘 확인할 수 있어도 투자에 큰 도움이 됩니다.

[네이버 금융 〉 삼성전자 검색결과]

재무제표 등 펀더멘탈 정보를 확인할 때는 중간 부분의 아래와 같은 메뉴 중에서 종목분석 부분을 확인하시면 됩니다.

[검색결과 하단 종목분석]

기업 현황에 요약되어 나오는 재무제표를 상세하게 보고 싶을 때는 재무분석 메뉴를 보시면 되고요. 투자 지표 부분에는 재무제표 데이터로 기업의 성장성, 안정성 등을 평가하는 데이터들을 볼 수 있습니다. 지표가 아주 많은데 초보자분들은 앞서 제가 말씀드린 지표들 위주로 점검하시되 점점 보는 데이터를 확장해 나가시면 좋아요.

업종 분석/섹터 분석 부분에서는 비슷한 사업을 하는 다른 종목들과 이 회사를 비교 분석하는 겁니다. 삼성전자는 반도체, 가전, 스마트폰을 모두 만드는 종합 IT 회사죠. 업종이나 섹터를 반도체로 설정할 수도 있고, 가전이나 IT 하드웨어로 설정해서 비교할 수도 있어요. 업종 평균과 해당 회사의 배당수익률, ROE, PER, 부채 비율 등 주요 지표가 얼마나 차이 나는지를 보시면 됩니다.

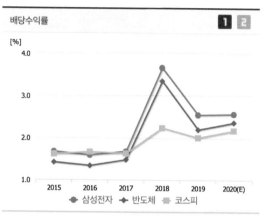

항목	2018	2019	2020(E) ⊖
⊕ 삼성전자	3.66	2.54	2.56
⊕ 반도체	3.34	2.19	2.36
⊕ 코스피	2.23	2.00	2.17

[증권플러스 화면]

증권플러스는 모바일 환경에서 시세 확인을 하거나 차트를 보기 위해 사용하는 편입니다. 네이버 금융과 비교했을 때의 장점은 손쉽게 기술적 지표들을 볼 수 있다는 점이에요. 기본 화면에서 톱니바퀴 버튼을 클릭하면 여러 기술적 지표를 추가해 볼 수 있습니다.

단, 증권플러스는 간단히 시세 조회를 하거나 차트를 보기는 좋은데, 바로 주문을 넣으려면 증권사 앱을 통해야 한다는 단점이 있습니다. 이를 보완하기 위해 거래용 앱 설치나 보유 종목 동기화 등 추가 기능이 나왔는데요. 최근에는 증권사 앱에서도 로그인 없이 시세를 빠르게 확인할 수 있어 별도의 앱 설치가 부담스러우신 분들은 거래용 증권사 앱 하나만 활용하셔도 됩니다.

한경컨센서스

사실 투자할 때 위에 말씀드린 네이버 금융 등을 통해서 직접 재무제표 숫자 데이터를 뜯어보고 투자하는 분들이 많지는 않아요. 보통은 뉴스 기사나 보고서 등을 많이 참고합니다. 기자, 애널리스트가 여러 데이터를 살펴보고 도출한 인사이트를 바로 보는 겁니다. 뉴스 같은 경우에는 네이버, 다음 등 포털사이트의 경제면에 잘 정리가 되어 있고, 특화 분야는 더벨, 한경매거진 등을 참고하실 수 있어요.

애널리스트 보고서는 각 증권사에서 제공하는데요. 증권사 홈페이지나 앱을 활용하셔도 되고, 여러 증권사의 보고서를 한 번에 보고 싶으실 때는 한경컨센서스라는 사이트를 활용하시면 됩니다. 한경컨센서스에도 모든 증권사의 보고서가 있지는 않지만, 카테고리별로 주요 보고서를 볼 수 있어서 저는 많이 참고하는 편입니다.

[한경컨센서스 화면]

메인화면에서 여러 카테고리를 보실 수 있는데요. 개별 기업 보고서(기업), 산업 분석 보고서(산업), 시황/투자전략 보고서(시장), 해외주식/퀀트/외환/원자재 등(파생), 경제 보고서(경제)로 구분됩니다. 종목을 중점적으로 보시는 분들은 기업/산업 파트를, 탑다운 방식으로 전체적인 시장 상황도 보시는 분들은 시장, 경제 파트를 참고해 주시면 좋을 것 같아요.

또한, 아래 컨센서스 상향, 하향 메뉴에서는 애널리스트
가 목표주가(컨센서스) 전망을 올리거나 내린 종목만 모아
서 볼 수 있습니다. 보고서를 통해 그 이유를 확인해야겠지
만 일반적으로 목표주가 상향은 긍정적, 하향은 부정적 신
호로 받아들여집니다.

애널리스트 보고서에 대해서는 의견이 갈립니다. 거의 모
든 보고서의 투자의견은 '매수'이기 때문에 이를 꼬집는 분
들도 많아요. 하지만, 개인 투자자 입장에서 종목에 대한 정
보를 얻기가 쉽지 않기 때문에 매수 일색인 보고서라도 잘
활용하는 게 중요하다고 생각합니다. 똑같은 매수 의견이라
도 이전 보고서 대비 목표주가나 실적 전망치를 상향했거
나, 행간에 녹아 있는 뉘앙스를 잘 파악해 주세요. 애널리스
트 보고서 읽는 법과 관련해서는 다음 영상에서 직접 보고
서를 보며 설명해 드린 내용이 있습니다. 참고해 주시면 좋
을 것 같아요.

애널리스트 보고서는 뉴스 기사와 비교해 봤을 때 읽기
에 그리 친절하진 않아요. 주식을 시작하시는 분들은 전문

적인 용어나 어려운 문장에 당황하실 수 있습니다. 그래서 다음 챕터에서는 자주 등장하는 수수께끼 같은 주식 관련 용어, 은어들을 정리해보도록 할게요.

[QR 코드]

2
상투 잡았다?
주식 용어 총정리

동학개미운동의 흐름을 타고 A 씨는 국민주식 삼성전자를 샀는데 상투 잡은 느낌이 납니다. 계속해서 주가는 조정을 받았고, A 씨는 물을 타면서 존버하고 있습니다.

초보 투자자가 어려움을 겪는 부분 중의 하나가 애널리스트 보고서나 종목 게시판 등에서 전문 용어, 은어들을 많이 사용한다는 점일 거예요. 주식 얘기를 하면서 많이 볼 수 있는 위의 문장에서도 동학개미운동, 상투, 주가 조정, 존버 등 다양한 투자와 관련한 은어가 나옵니다. 우선, 기사나 애널리스트 보고서에 자주 등장하는 용어들을 살펴보고, '상투 잡는다' '조정 받다' '물타기' 등의 은어들도 같이 얘기해 보겠습니다.

아래는 애널리스트 보고서에 자주 등장하는 표현을 풀어서 정리한 내용입니다. '모멘텀이 약화 되었다'는 표현은 주가의 상승 동력이 약해졌다는 뜻이에요. '오르는 주식이 계속 오른다'라는 표현에서 주식가격이 상승하는 힘을 모멘텀이라고 합니다. 또, 탑픽으로 선정한다는 말도 생소하실 텐데요. 보통 애널리스트는 담당하는 업종이 정해져 있습니다. 삼성전자, 현대차, 네이버를 분석하고 싶다고 원하는 대로 그 종목들을 보는 게 아니고요. 인터넷/게임 업종, 반도체 업종 담당자 이런 식으로 한사람이 업종 내 여러 종목을 분석하게 됩니다. A 회사를 자동차 업종 탑픽으로 선정했다면 자동차 업종에 속하는 여러 종목 중에서 A 회사를 가장 괜찮은 회사로 보고 있다는 의미입니다.

모멘텀 약화	주가가 오를만한 호재가 없다
펀더멘탈 훼손	펀더멘탈 (기업 실적, 수익 구조, 국가의 경 우는 경제 지표)가 나빠졌다
밸류에이션이 낮다	실적에 비해 주가가 저평가된 상태다
탑픽(Top-Pick)으로 선정	담당 섹터 중에서 최고 유망 종목으로 선정
제한적 법위 내의 랠리 기대, 박스권 등락 예상	주가가 위/아래가 막힌 움직임 보일 것
주가가 조정받을 것 같다	주가가 떨어질 것 같다
반등 시 비중 축소를 권한다. 방어적인 투자 전략이 필요하다	Sell! 팔아라! 사지마!
비중 확대를 권고한다. 관심 종목이다	사시오

[애널리스트 보고서 표현의 실제 의미]

애널리스트 보고서는 대부분이 매수 의견을 제시하고 있고, 긍정적인 뉴스들을 부각해서 작성하기 때문에 이를 고려해서 읽으시는 게 좋아요. 좋은 내용만 가득해 처음 몇 개의 보고서를 읽으면 '이것도 좋고, 저것도 좋네? 다 좋네?!'라는 생각이 드실 거예요.

이럴 때는 기업/산업 보고서가 아닌 시황/전략 보고서를 읽는 것도 좋은 방법이에요. 시황/전략 애널리스트는 종합적으로 경기 상황을 고려했을 때 어떤 업종이 좋고 나쁜지를 판단해 투자전략으로 정리하는 보고서를 냅니다.

증권사의 상/하반기 전망 자료를 보시면, 국내외 경제 상황 및 주요 이슈를 분석합니다. 최근 자료에서는 코로나의 영향력이나 미국, 유럽 등 글로벌 경기 상황을 진단하는 내용이 많았습니다. 이렇게 큰 그림을 그린 후에는 결론적으로 어떤 업종의 종목을 사야 하는지 우선순위를 아래처럼 정리합니다.

필자는 2월부터 '주도주 7형제'라는 이름으로
삼성전자, SK하이닉스, NAVER, 카카오, 엔씨소프트 등
7종목이 뚜렷한 이익 성장세와 주가 모멘텀,
외국인의 지속적인 매수세에 힘입어 주도주 역할을
지속할 것으로 전망했었다.

(출처:M증권사 2020년 하반기
시장 전망 자료)

애널리스트 보고서, 뉴스 기사까지 보지 않더라도 일상생활을 하면서 직장 동료, 친구들과 재테크 얘기를 나눌 때가 있을 거예요. 주린이 입장에서 낯선 은어와 용어를 정리해보겠습니다.

- 상한가: 전일 종가 대비 30% 상승. 주식이 하루에 최대 상승할 수 있는 가격.
- 상따: '상한가 따라잡기'의 약자로 상한가를 기록한 종목을 매수해 익일 혹은 1~2영업일 보유해 수익을 내는 매매 기법. 변동성이 매우 큼.
- 상투잡다: 머리 꼭대기에 있는 상투를 빗대어 종목을 가장 비싼 가격에 매수한 상황을 비유적으로 표현.
- 쩜상: 장이 시작하는 9시에 전일 대비 +30%인 상한가 가격에 시작해 장이 끝나는 시간까지 유지되는 것.
- 쩜하: 장이 시작하는 9시에 전일 대비 -30%인 하한가 가격에 시작해 장이 끝나는 시간까지 유지되는 것. 봉차트 상에서 점을 찍은 모양이라 이렇게 부름.
- 하한가: 전일 종가 대비 30% 하락. 주식이 하루에 최대

하락할 수 있는 가격.

- 물타기: 매수한 후 가격이 하락한 종목을 추가로 매수해 평균 매입 난가를 낮추고 보유 수량을 늘리는 것.

- 불타기: 매수한 후 가격이 상승한 종목을 추가로 매수해 평균 매입 단가가 높아지더라도 보유 수량을 늘리는 것.

- bull 장: 황소는 주식시장 참여자들에게 강세장을 나타내는 동물로, bull 장은 강한 상승세를 보이는 시장을 나타내는 은어. 월가에 황소 동상이 있기도 하죠 :)

- bear 장: 곰은 반대로 약세장을 나타내는 동물로, 약세장을 나타냄.

- 대장주/주도주: 강세를 보이는 특정 테마, 업종에 대해 상승세를 이끄는 종목을 의미. 상승률과 시가총액 규모를 모두 고려해 규모가 크면서 높은 상승을 보여 시장흐름을 주도한 종목에 대장주나 주도주라는 이름을 붙임.

- 존버: 매수한 후에 투자 기간을 길게 두고 버티는 것을 의미.

- 단타: 투자 기간이 짧은 것을 의미.

- 장투: 투자 기간이 긴 것을 의미.

- 개미: 개인 투자자를 일컫는 은어.

- 매미: 펀드 매니저 출신 개인투자자를 일컫는 은어.

- 애미: 애널리스트 출신 개인투자자를 일컫는 은어.

- 정찰병을 보낸다: 본격적인 매수를 하기 전 소액으로 매수 해보는 것. 분할 매수 시 첫 매수 시점.
- 손절: 손해를 보고 주식을 매도해 정리함.
- 익절: 수익을 보고 주식을 매도해 정리함.
- 물렸다: 매수한 종목이 손실이 난 상태라 팔 수 없는 상태.
- 주포/세력: 특정 주식의 매매에 큰 영향을 미치는 주체를 의미.
- 동전주: 주가가 1천 원이 안되는 종목을 의미.
- 총알: 투자금을 지칭하는 은어. 예를 들어, '총알이 10개 있다'는 총 투자금이 10억 원(상황에 따라 의미하는 금액이 달라질 수 있음)임을 의미함.

3
해외 주식, 국내 주식 투자와
뭐가 다를까?

지난 10년 동안 미국 주식시장이 꾸준히 성장해오면서 투자자들 사이에서 미국 주식 투자에 관한 관심이 커지고 있는데요. 2020년 상반기에 코로나로 시장이 큰 폭으로 요동쳤지만, 그동안 치솟은 주가가 부담스러웠던 일부 투자자들은 10년 만에 찾아온 저가 매수 기회로 여기기도 했습니다. 초보 투자자도 미국 주식에 투자할 수 있도록 꼼꼼하게 알려드릴게요.

시차, 환율 그리고 세금을 확인하자 ____

1. 미국 주식시장 시간은? 낮에 사는 방법은?

우리나라 시간으로 23시 30분에서 다음날 오전 6시까지가 미국 정규장 시간인데요. 서머타임이 적용되면 1시간씩 당겨집니다. 낮 시간대에 주문하고 싶다면 주문이 아니라 '예약주문'을 넣으면 됩니다. 예약주문 기능이 있지만, 장이 열리면 가격을 본 후에 주문을 넣고 싶은 분들은 밤늦게까지 기다리셔야 합니다.

주문을 넣을 때 팁으로 알아두시면 좋은 내용이 있어요. 일반적으로 증권사 앱에서 나오는 미국 주식가격은 15분 지연된 시세입니다. 실시간으로 가격을 보고 주문을 넣으시려면 investing.com이나 야후 파이낸스 같은 앱을 활용하시면 좋아요. 무료로 실시간 가격을 볼 수 있습니다. 해당 앱에서 관심 종목의 가격을 보고 지정가 주문을 넣으시면 됩니다.

2. 매매하기 전에 환전은 필수!

해외 주식을 매매하실 때는 그 나라의 통화인 달러로 환전하는 과정이 필수예요. 증권사 앱을 통해 낮(오전 9시~오후 4시, 증권사마다 시간은 다름)에 환전 신청을 하시면 됩니다. 혹시 환전하는 것을 잊으셨더라도 걱정하지 마세요. 요즘 증권사들은 미리 환전하지 않아도 미국 장이 열리는 밤에 먼저 주식을 매수하고 다음 날 아침 환율로 환전하는 서비스 등을 제공하고 있습니다.

해외주식 투자로 여러분이 얻을 수 있는 수익을 쪼개보면요. 해외 주식가격의 변동에서 오는 수익(손실)과 환율 변화에 따른 수익(손실)으로 나눠집니다. 여기서 팁을 말씀드리면, 꼭 주식 매수/매도를 할 때 환전을 함께 할 필요는 없습니다. 환율 추이를 지켜보다가 원/달러 환율이 낮을 때 달러로 환전하고 원/달러 환율이 높아지면 원화로 환전하여 환차익을 높이는 방법이 있습니다. 이 경우, 환율 변화에 따른 수익을 추가로 얻게 되죠. 이렇게 추가로 얻은 환차익에 대해서는 양도소득세가 부과되지 않는다는 점을 기억해 잘 활용해 주세요.

3. 해외주식 수익에 대한 세금은?

현재(2020년)는 국내주식 투자를 통해서 번 수익은 과세 대상이 아닙니다. 배당에 대해서만 배당소득세 15.4%를 내면 됩니다. 해외주식은 양도소득세로 과세가 되는데요. 1년 동안 해외주식 투자를 통해 벌어들인 수익 250만 원까지는 비과세되지만, 초과분에 대해서는 22% 양도소득세를 내야 합니다.

이 세제안이 2023년부터 바뀔 예정입니다. '금융투자소득세'가 신설되어 국내주식, 펀드 등을 통해 수익을 내도 세금을 내야 합니다. 국내주식, 펀드 등은 수익 5천만 원까지는 비과세되고 해외주식은 현재와 같이 250만 원까지 비과세 됩니다. 해외주식은 다음 해 5월 양도소득세를 별도로 신고해야 합니다. 증권사를 통해서 쉽게 처리할 수 있으니 잊지 말고 처리해주세요. 2023년부터 바뀌는 세제안에 대해서는 핵심만 요약한 아래 영상을 봐주시면 됩니다.

처음 주식 by 챔

[QR 코드]

처음 주식

1판 1쇄	2020년 11월 30일
1판 3쇄	2021년 1월 28일

지은이	챔(최민)
감수	월급구조대(신한금융투자)
펴낸이	김승욱
편집	김승욱 심재헌
디자인	최정윤
마케팅	백윤진 이지민
홍보	김희숙 김상만 함유지 김현지 이소정 이미희 박지원
제작	강신은 김동욱 임현식

펴낸곳	이콘출판(주)
출판등록	2003년 3월 12일 제406-2003-059호
주소	10881 경기도 파주시 회동길 455-3
전자우편	book@econbook.com
전화	031-8071-8677
팩스	031-8071-8672

ISBN	979-11-89318-20-8 03320

＊ 이 도서의 국립중앙도서관 출판예정도서목록(CIP)은 서지정보유통지원시스템
홈페이지(http://seoji.nl.go.kr)와 국가자료공동목록시스템(http://www.nl.go.kr/kolisnet)에서
이용하실 수 있습니다. (CIP제어번호: CIP2020048866)